構法クイズで原理を学ぶ

建築ディテール「基本のき」

真鍋恒博 著

彰国社

デザイン=水野哲也(Watermark)

まえがき

　建築のディテールには、設計者として当然知っていなければならない基本的な知識がある。筆者は大学の建築構法計画系の授業で、建築各部の具体的な構法に関する、設計に必要な基本知識を、長年にわたって教えてきた。むろん初学者にとって、建築各部のディテールの勉強は易しいものではない。しかし実体としての建築を、どのような部品がどう立体的に組み合わされているのか、そうなっている理由は何なのか、という視点から見ることは、いかなる分野へ進む者にとっても基本となる。設計図を描く際も、具体的な構法を知った上でなら、細部を省略した図面からでも建物を具体的にイメージすることは可能だが、ディテールを知らずに描いたシングルラインのスケッチでは、それは不可能である。そういう信念から、筆者は構法計画の研究と教育に携わってきた。

　しかし現在では建築の多くの部分が既製品化されおり、ディテールもメーカー側で決められているから設計者がいちいち図面に描く必要はないし、描きたかったらカタログ図面のデータをダウンロードしてコピー・ペーストすれば済む。だいいちこんな当たり前の事は、現場の人が知っているのだから、設計者が知らなくても実害はない。極論すれば、建築は発注できればあとは誰かが作ってくれるのだから、大学でディテールなど教える必要はない……。こういう見解も、現代では成り立つのかもしれない。

だがこれは、目先の実務をこなす上での効率でしか成り立たない話である。人を育てるという目的においては、こうした生産効率とは異なるものが要求される。ディテールに対する知識、それも単に決まった納まりを暗記するのではなく、その理由や歴史的経緯に関する知識があると無いとでは、ディテールの理解度に大きな差が出よう。基本がわかっていれば、設計・施工上のミスを冒しにくくなる。不具合が生じた場合に対応するためにも、自分で新しいディテールを考えるためにも、丸暗記の知識ではなく原理を理解している必要がある。それに、ただ建物を鑑賞するだけのためにだって、ものの仕組みがわかっていたほうがずっと面白いではないか。

　こうした視点から、ディテールの基本的な知識について、初心に返って復習することが本書の趣旨である。大学で学生に構法を教える際にはいろいろな演習問題を課しており、試験問題もいろいろ作ってきた。本書は、それらをもとにした間違い探しクイズ等の演習形式をとっている。

　筆者が構法計画の研究と教育に携わってきた東京理科大学では、建築構法の教員数も履修時間数も、他大学より格段に多かった。他の教育機関でどれぐらいの内容が教えられているのかわからず、一般の設計者あるいは本書を手にして下さった読者が平均的にどれくらいの知識をお持ちなのか、についても見当がつかない。この本の内容について、「こん

なことは建築関係者だったら誰でも知っている」と言われる方もおられるかもしれない。しかし、「こんなことは知らなかった、目から鱗が落ちた、ためになる」などと、何らかのお役に立つことがあれば、望外の幸である。

　この本は、4ページを1節とし、それぞれ問題、解答と解説、それにまつわる話（蘊蓄ばなし）で構成されており、全体で52の節となっている。各節の内容は、部位・室空間（浴室、玄関ドア等）、材料・構法（木造軸組、瓦葺き等）、機能・性能（雨仕舞、誤差吸収等、構法計画学で言う「要求」）、さらに問題タイプ（間違い探し、正解探し、設計問題等）などの観点から分類されており、これらの各観点からの位置付けは、各節の第1ページに示してある。

　本書の目次構成は、上記の各種観点を適宜ミックスした配列に沿ったものになっているが、言わば上記の各視点から多次元マトリクスで分類されるべきものであって、ページ順に読む必然性はさほど高くはない。こういう考えから、通常の目次の他に「機能別」目次と「部位別」目次、「まつわる話」の目次を付け、さらに通常なら巻末に付ける索引に相当する「語彙索引」も目次の一種として扱った。いろいろな観点から興味のある項目を探す読み方や、あれはどこに書いてあっただろうかと調べる場合など、多様な形で役立つことを期待した試みである。

■ **目次** 〈カテゴリー別〉

まえがき ……………………………………………………………………… 3

目次
| カテゴリー別 …………………………………………………………… 6
| 機能別 …………………………………………………………………… 13
| 部位別 …………………………………………………………………… 17
| 「まつわる話」 …………………………………………………………… 21
| 語彙別 …………………………………………………………………… 24

Ⅰ 小ピースによる組立て …………… 31

01 羽重ねは最後まで　シングル葺きの雨仕舞 ………………… 33
重ね代の寸法／軒先の納まり／葺き方の原理

02 重ね重ねの譲合い　瓦の隅切り ……………………………… 37
隅切り以外の方法／隙間と面戸／斜めカット

03 上から見たり下から見たり　軒先の部材名称 ……………… 41
淀の断面形状／鋼板屋根の軒先

04 穴があったら入りたい　面戸の機能 ………………………… 45
瓦葺きの棟等における面戸／波板の面戸／RC床スラブのデッキ型枠

05 心の隙間はすぐ埋めよ　真壁と畳の納まり ………………… 49
柱の「面取り」との関係／床柱と畳

| 06 | 違ったほうを向いてこそ　下地材の方向 | 53 |

下地の向きと間隔／胴縁の入れ方

| 07 | 出る釘は打たれる　板張り仕上げの釘の打ち方 | 57 |

実矧ぎの場合／突付け張りの場合

| 08 | 斜に構えて二者に目見える　床板を二重に張る場合 | 61 |

角度があれば直交の必要なし／根太の省略

II 「逃げ」の納まり ……………… 65

| 09 | 近づけばアラも気になる　面外方向の誤差の逃げ | 67 |

表面の誤差を見せない／不定形材・現場仕上げ

| 10 | 面と面とを取り持って　RCに面材を張る | 71 |

誤差の吸収／木製下地／木れんが／捨胴縁

| 11 | 似たもの同士が喧嘩する　垂木の支持方法 | 75 |

垂木の間隔／根太の場合

| 12 | 付かず離れずされど丈夫に　木製天井の吊り方 | 79 |

じかに吊る場合／吊木受の寸法／上階から縁を切る理由

| 13 | 硬い奴でも態度を変える　テラゾー床の目地 | 83 |

乾燥収縮対策／その他の変形対策／屋上の伸縮目地

| 14 | がたがた言わせない　三角形の溝蓋 | 87 |

誤差の吸収／3点支持

III 材料と施工 ……… 91

15 立ち上がれ鉄板　鋼板瓦棒葺き ……… 93
瓦棒と垂木／瓦棒の間隔／鋼板の固定部分／屋根面の断熱

16 重力軽んずべからず　波板葺きのボルト ……… 97
勾配／重ねの向き／重ね代と毛細管現象／引掛けボルトの方向／
ボルトの位置／ワッシャ・クッション材／母屋の取付け方

17 支えてくれる相手がほしい　面材の釘打ち下地 ……… 101
根太の間隔／壁の下地

18 孔より大きい物を通す　アルミサッシのガラスの嵌め方 ……… 105
ガラスの嵌め方／サッシの組立て方法

19 筋を通せば道理も通る　通し柱を入れる意味 ……… 109
強度上の必要性／施工時の「定規」

20 見方によって呼び名も変わる　玉石基礎と玉石地業 ……… 113
杭地業／いろいろな地業

21 生い立ちを読みとる　鉄骨の断面形状 ……… 117
各部の働きと厚さ／製法・接合方法／追補問題・軽量形鋼の断面形状

22 断面続くよどこまでも　鉄骨の仕口部分 ……… 121
柱と梁の仕口／ダイアフラム以外の補強方法／面外力をかけないのが原則

Ⅳ 木の性質と納まり ……………………… 125

23 どちらが先か考えてみよう　京呂と折置 …………… 127
開口寸法の制約／接合方法の変化／せいがい造り

24 開いた口は塞がらぬ　木構造の接合部 ……………… 131
梁の仕口／木材の接合部／継手と仕口

25 0分の1は無限大　垂木と母屋の接合部 ……………… 135
垂木の各種納まり／垂木の位置

26 「拝み」と「擂り鉢」　木製トラスの斜材の向き ……………… 139
引張に耐える接合部／木造ラーメン

27 表と裏では態度が変わる　木製建具の裏表 ……………… 143
木口の保護／建具の裏表／断面形状の意味

Ⅴ 水の性質と処理 ……………………… 147

28 縁はきっぱり表はさっぱり　軒先の納まり ……………… 149
いろいろな水切／壁面の水切

29 端や角にも気を配れ　RC造の屋根防水 ……………… 153
汚れた水は流さない／陸屋根にも水勾配／丸環

30	どんなプランにも掛かる屋根　寄棟屋根の設計方法 157
	寄棟屋根の設計方法／切妻と寄棟

31	広がる前に策を打て　浴室床の水勾配 161
	床面に流れる水の影響／拡散する前の処理／外部床の45°目地

32	水あるところ羽重ねに　浴室の壁仕上げの見切 165
	板張り／水切／コンクリート基礎の立上げ／床用タイル

33	こぼれぬ先の知恵　浴室床のバリアフリー 169
	浴室ユニットのディテール／何が何でもフラットか／段差の効用

34	水は低きに流る　地下水槽の排水手段 173
	水勾配と釜場／最下部の水抜き／メンテナンス用のマンホール

35	アイロン掛けには霧を吹く　断熱材の入れ方 177
	内部結露／通気層／断熱材の隙間

36	形にはすべて必然性　サッシの断面形状 181
	結露水の処理／結露の条件

VI メンテナンス 185

37	見えないものは無いのと同じ　天窓の層構成 187
	ダブルドーム／天窓の破損対策／汚れを見せない

38	つまらぬことが実は大事　ルーフドレーンの目皿 ……………… 191
	目皿のフェールセーフ／オーバーフロー／竪樋のフェールセーフ

39	カドが取れては困る場合も　左官壁の出隅 …………………… 195
	出隅保護のディテール／はっかけ・R・面／躯体の出隅

40	何事も程度問題　軒下の鋼板の錆 ………………………………… 199
	錆の程度まで見ると／雨による自然洗浄

41	見えない箇所の開口部　布基礎の床下換気口 ………………… 203
	法的な規定／基礎の切欠き／変化する在来構法

VII 階段 …………………………………………………………………… 207

42	暗算信用するなかれ　階段の寸法設計 ………………………… 209
	一般的な勾配だけ覚えても／各種の計算式／計算には表を使う

43	まず無より始めよ　階段の上り口 ……………………………… 213
	階段の0段目／手摺高さのずれの解決方法／螺旋階段の内側

44	つかまるか、もたれるか　吹抜けと階段の手摺 ……………… 217
	手摺高さの違いの処理／階段の手摺高さ／吹抜け部分の手摺高さ

45	任意の高さに固定せよ　螺旋階段をワイヤで吊る …………… 221
	吊り材の途中に段板を固定する方法

Ⅷ ドア・開口部 ……… 225

46 引くに引けない場合でも　玄関の内開きドア……… 227
水勾配／内開き戸の雨仕舞／収納スペース／セキュリティー

47 押してだめなら引いてみよ　屋上ドアの開き勝手 ……… 231
風によるヒンジの破損／積雪地の開閉方式／開閉方式と避難方向

48 通れども通さず　回転ドアと風除室 ……… 235
風除室／回転ドアの収納方法

49 こする場合とぶつかる場合　開口部の気密確保 ……… 239
ガスケットの当たり方／モヘアを使う場合／さまざまな気密材

50 同じ「把手を捻る」でも　ドアノブとレバーハンドル ……… 243
把手の互換性／極端に長いバックセット／レバーハンドルの欠点

51 枠組みからの脱却　玄関ドアの蝶番 ……… 247
ルーズピンとファストピン／ドアの外し方

52 あくまでもフラットに　フラットな引込み戸のディテール ……… 251
サヴォア邸の車庫／その他の開閉方式

あとがき ……… 255

■ **目次〈機能別〉**

構法の成立

02	重ね重ねの譲合い　瓦の隅切り	37
04	穴があったら入りたい　面戸の機能	45
05	心の隙間はすぐ埋めよ　真壁と畳の納まり	49
06	違ったほうを向いてこそ　下地材の方向	53
07	出る釘は打たれる　板張り仕上げの釘の打ち方	57
08	斜に構えて二者に目見える　床板を二重に張る場合	61
11	似たもの同士が喧嘩する　垂木の支持方法	75
17	支えてくれる相手がほしい　面材の釘打ち下地	101
18	孔より大きい物を通す　アルミサッシのガラスの嵌め方	105
42	暗算信用するなかれ　階段の寸法設計	209
43	まず無より始めよ　階段の上り口	213

構法の名称

03	上から見たり下から見たり　軒先の部材名称	41
20	見方によって呼び名も変わる　玉石基礎と玉石地業	113
23	どちらが先か考えてみよう　京呂と折置	127

誤差変位吸収

09	近づけばアラも気になる 面外方向の誤差の逃げ	67
10	面と面とを取り持って RCに面材を張る	71
13	硬い奴でも態度を変える テラゾー床の目地	83
16	重力軽んずべからず 波板葺きのボルト	97
19	筋を通せば道理も通る 通し柱を入れる意味	109

雨仕舞

01	羽重ねは最後まで シングル葺きの雨仕舞	33
15	立ち上がれ鉄板 鋼板瓦棒葺き	93
28	縁はきっぱり表はさっぱり 軒先の納まり	149
29	端や角にも気を配れ RC造の屋根防水	153
30	どんなプランにも掛かる屋根 寄棟屋根の設計方法	157
38	つまらぬことが実は大事 ルーフドレーンの目皿	191

水仕舞

| 31 | 広がる前に策を打て 浴室床の水勾配 | 161 |

| 32 | 水あるところ羽重ねに　浴室の壁仕上げの見切 …………………… 165
| 33 | こぼれぬ先の知恵　浴室床のバリアフリー ………………………… 169
| 34 | 水は低きに流る　地下水槽の排水手段 ……………………………… 173
| 36 | 形にはすべて必然性　サッシの断面形状 …………………………… 181

構造強度

| 21 | 生い立ちを読みとる　鉄骨の断面形状 ……………………………… 117
| 22 | 断面続くよどこまでも　鉄骨の仕口部分 …………………………… 121
| 24 | 開いた口は塞がらぬ　木構造の接合部 ……………………………… 131
| 25 | 0分の1は無限大　垂木と母屋の接合部 …………………………… 135
| 26 | 「拝み」と「擂り鉢」　木製トラスの斜材の向き ………………… 139
| 45 | 任意の高さに固定せよ　螺旋階段をワイヤで吊る ………………… 221

経年劣化

| 27 | 表と裏では態度が変わる　木製建具の裏表 ………………………… 143
| 37 | 見えないものは無いのと同じ　天窓の層構成 …………………… 187
| 39 | カドが取れては困る場合も　左官壁の出隅 ………………………… 195

| 40 | 何事も程度問題　軒下の鋼板の錆 | 199 |
| 41 | 見えない箇所の開口部　布基礎の床下換気口 | 203 |

操作性

46	引くに引けない場合でも　玄関の内開きドア	227
47	押してだめなら引いてみよ　屋上ドアの開き勝手	231
50	同じ「把手を捻る」でも　ドアノブとレバーハンドル	243
51	枠組みからの脱却　玄関ドアの蝶番	247
52	あくまでもフラットに　フラットな引込み戸のディテール	251

安全快適性

12	付かず離れずされど丈夫に　木製天井の吊り方	79
14	がたがた言わせない　三角形の溝蓋	87
35	アイロン掛けには霧を吹く　断熱材の入れ方	177
44	つかまるか、もたれるか　吹抜けと階段の手摺	217
48	通れども通さず　回転ドアと風除室	235
49	こする場合とぶつかる場合　開口部の気密確保	239

目次〈部位別〉

構造体：木構造、鉄骨造

- 11 似たもの同士が喧嘩する　垂木の支持方法 ………………………………… 75
- 19 筋を通せば道理も通る　通し柱を入れる意味 ……………………………… 109
- 23 どちらが先か考えてみよう　京呂と折置 …………………………………… 127
- 24 開いた口は塞がらぬ　木構造の接合部 ……………………………………… 131
- 25 0分の1は無限大　垂木と母屋の接合部 …………………………………… 135
- 26 「拝み」と「擂り鉢」　木製トラスの斜材の向き ……………………………… 139
- 21 生い立ちを読みとる　鉄骨の断面形状 ……………………………………… 117
- 22 断面続くよどこまでも　鉄骨の仕口部分 …………………………………… 121

屋根・葺き材

- 01 羽重ねは最後まで　シングル葺きの雨仕舞 ………………………………… 33
- 02 重ね重ねの譲合い　瓦の隅切り ……………………………………………… 37
- 15 立ち上がれ鉄板　鋼板瓦棒葺き ……………………………………………… 93
- 16 重力軽んずべからず　波板葺きのボルト …………………………………… 97
- 29 端や角にも気を配れ　RC造の屋根防水 …………………………………… 153
- 30 どんなプランにも掛かる屋根　寄棟屋根の設計方法 ……………………… 157

軒先・天井

03	上から見たり下から見たり　軒先の部材名称	41
04	穴があったら入りたい　面戸の機能	45
12	付かず離れずされど丈夫に　木製天井の吊り方	79
28	縁はきっぱり表はさっぱり　軒先の納まり	149

壁

05	心の隙間はすぐ埋めよ　真壁と畳の納まり	49
06	違ったほうを向いてこそ　下地材の方向	53
10	面と面とを取り持って　RCに面材を張る	71
32	水あるところ羽重ねに　浴室の壁仕上げの見切	165
35	アイロン掛けには霧を吹く　断熱材の入れ方	177
39	カドが取れては困る場合も　左官壁の出隅	195
40	何事も程度問題　軒下の鋼板の錆	199

窓

18	孔より大きい物を通す　アルミサッシのガラスの嵌め方	105

| 27 | 表と裏では態度が変わる　木製建具の裏表 ……………………………… 143
| 36 | 形にはすべて必然性　サッシの断面形状 ………………………………… 181
| 37 | 見えないものは無いのと同じ　天窓の層構成 …………………………… 187
| 49 | こする場合とぶつかる場合　開口部の気密確保 ………………………… 239

出入り口

| 09 | 近づけばアラも気になる　面外方向の誤差の逃げ ……………………… 67
| 46 | 引くに引けない場合でも　玄関の内開きドア …………………………… 227
| 47 | 押してだめなら引いてみよ　屋上ドアの開き勝手 ……………………… 231
| 48 | 通れども通さず　回転ドアと風除室 ……………………………………… 235
| 50 | 同じ「把手を捻る」でも　ドアノブとレバーハンドル ………………… 243
| 51 | 枠組みからの脱却　玄関ドアの蝶番 ……………………………………… 247
| 52 | あくまでもフラットに　フラットな引込み戸のディテール …………… 251

階段

| 42 | 暗算信用するなかれ　階段の寸法設計 …………………………………… 209
| 43 | まず無より始めよ　階段の上り口 ………………………………………… 213
| 44 | つかまるか、もたれるか　吹抜と階段の手摺 …………………………… 217

|45| 任意の高さに固定せよ　螺旋階段をワイヤで吊る ……………………… 221

床・基礎

|07| 出る釘は打たれる　板張り仕上げの釘の打ち方 ……………………　57
|08| 斜に構えて二者に目見える　床板を二重に張る場合 ………………　61
|13| 硬い奴でも態度を変える　テラゾー床の目地 ………………………　83
|17| 支えてくれる相手がほしい　面材の釘打ち下地 …………………… 101
|20| 見方によって呼び名も変わる　玉石基礎と玉石地業 ……………… 113
|41| 見えない箇所の開口部　布基礎の床下換気口 ……………………… 203

設備・排水

|14| がたがた言わせない　三角形の溝蓋 …………………………………　87
|31| 広がる前に策を打て　浴室床の水勾配………………………………… 161
|33| こぼれぬ先の知恵　浴室床のバリアフリー ………………………… 169
|34| 水は低きに流る　地下水槽の排水手段 ……………………………… 173
|38| つまらぬことが実は大事　ルーフドレーンの目皿 ………………… 191

■目次〈「まつわる話」〉

- ■「シングル葺き」なる名称 …………………………………… 36
- ■ 地図を貼り合わせて使う場合 ………………………………… 40
- ■ 桔木（はねぎ）という構造部材 ……………………………… 44
- ■ 本瓦と桟瓦 ……………………………………………………… 48
- ■ 団地の畳と柱型 ………………………………………………… 52
- ■「胴」という字 …………………………………………………… 56
- ■ 接着剤の功罪 …………………………………………………… 60
- ■ 同一方向の二重張り …………………………………………… 64
- ■「決（しゃく）り」という字 …………………………………… 70
- ■ もう一つの「木れんが」 ……………………………………… 74
- ■ 図面は奥行きを読むべし ……………………………………… 78
- ■ 木製吊木の断面形状 …………………………………………… 82
- ■ カヤツリグサ …………………………………………………… 86
- ■ マンホールの蓋はなぜ丸い …………………………………… 90
- ■ 尺貫法とヤード・ポンド法 …………………………………… 96
- ■「スレート」という名称 ……………………………………… 100
- ■ 建材の寸法体系 ………………………………………………… 104
- ■ DPGを初めて見た頃 ………………………………………… 108
- ■ 鉄骨の建方 ……………………………………………………… 112
- ■「基礎」と「土台」、「鍵」と「錠」 …………………………… 116

- ■ スキーリフト今昔 …………………………… 120
- ■ 自己矛盾の呼称 …………………………… 124
- ■ 「いっけん」という概念 …………………………… 130
- ■ 木構造の図解について …………………………… 134
- ■ 伊勢湾台風 …………………………… 138
- ■ 堅木による構造 …………………………… 142
- ■ 「桟」と「框」 …………………………… 146
- ■ 部材形状による対処 …………………………… 152
- ■ 屋上の伸縮目地 …………………………… 156
- ■ 屋根形状の網羅・体系化 …………………………… 160
- ■ 毛細管現象による漏水 …………………………… 164
- ■ 腐りにくい樹種 …………………………… 168
- ■ 駅のエレベータにドアが2つある理由 …………………………… 172
- ■ メンテナンスの現場から …………………………… 176
- ■ 木造床の断熱 …………………………… 180
- ■ サッシの断面・追補問題 …………………………… 184
- ■ 汚れの対策原理 …………………………… 190
- ■ パッシブ冷房溢水事件 …………………………… 194
- ■ 原則はあくまで原則 …………………………… 198
- ■ 太陽エネルギー利用と汚れ …………………………… 202

- 床下換気口余談 ……………………………………………………… 206
- 仮説なき回帰式 ……………………………………………………… 212
- 仮設現場小屋・東西の違い ………………………………………… 216
- 手摺を嵩上げしない場合も ………………………………………… 220
- 設計例の出典 ………………………………………………………… 224
- 内開きでこそ成り立つ戸口のドラマ ……………………………… 230
- 電話ボックスのドア ………………………………………………… 234
- 東京ドームの非常ドア ……………………………………………… 238
- ベルリン国会議事堂での発見 ……………………………………… 242
- 半世紀前の建具金物事情 …………………………………………… 246
- ヒンジの数 …………………………………………………………… 250
- 団体旅行には集合写真 ……………………………………………… 254

目次〈語彙別〉

あ

アームスイングドア	47
アームストッパー	47
R－アール	39
RC造	10
煽り止め	47
アクリル樹脂製のドーム	37
アスファルト防水	29
圧縮	26
雨仕舞	01・27・28
網入りガラス	37
アルミサッシ	18・36

い

いかだ地業	20
石場立て	20
椅子座	33
板張り	06・32
板張り壁	06
板張り床	07・08・17
一文字葺き	01
居間	48

う

ウェブ	21・22
内開き	46
裏甲―うらごう	03

え

H形鋼	21
エレベータ	33
縁甲板―えんこういた（えんこいた）	33・32

お

OAフロア	14
大入れ	11・24
大入れ蟻継ぎ	11・24
オーバーフロー	38
屋上ドア	47
屋上排水口	38
押出材	36
押出成形	36
押縁―おしぶち	18
折置―おりおき	23

か

階段の0段目	43
階段の手摺	44
回転ドア	48
開閉方式	47・52
鍵と錠	20
各個撃破	16
隠し釘打ち	07
嵩上げ	44
重ね代	01・02・16
ガスケット	49
型板ガラス	37
形鋼	21
形鋼の製法	21
壁の下地	17
釜場―かまば	34
唐草―からくさ	03
ガラスの嵌め方	18
瓦葺き	02・04
瓦棒	15
瓦棒の間隔	15
瓦棒の芯木	15
換気口	41
元興寺瓦―がんこうじがわら	04
乾燥収縮	13

き

基礎	20・41
基礎の切欠き	41

数字は掲載ページではなく、関連項の節番号を示す

基礎の立上げ	32	鋼板屋根の軒先	03
気密材	49	コーナービード	39
ギャングネイル	26	コールドフォーム	21
京呂ーきょうろ	23	小返し	25
切妻	30	互換性	50
際根太ーきわねだ	17	木口ーこぐち	27
		木口の保護	27

く

杭地業	20	柿（こけら）	01
空気膜構造	48	柿（こけら）板	01・27
釘受け材	17	柿（こけら）葺き	03
クッション材	16	誤差	09・10・14
躯体の出隅	39	腰掛け継ぎ	24
グラヴィティ・ヒンジ	46	小屋組	11・12・23・25
グレージングチャンネル	18	転び止め	17
グレーチング	14	コンター	30

け

蹴上	42
計算表	42
計算方法	42
ケースロック	50
ゲージ	15
K値	36
軽量形鋼	21
桁	23
結露	36・37
結露の条件	36
減圧溝	31
玄関ドア	46・51
現場仕上げ	09

さ

在来構法	41
左官材	39
サッシバー	36
サニタリーコーナー	32
サニタリータイル	32
実矧ぎーさねはぎ	07
錆	40
サヴォワ邸	52
3本脚の椅子	14
3点支持	14

こ

勾配	16・42
鋼板瓦棒葺き	15
鋼板の幅	15
鋼板張り壁	40

し

Cチャンネル	21
敷桁ーしきげた	23
地業ーじぎょう	20
仕口ーしくち	22・24
下地	06・10・17
七三中折れ	47
四注ーしちゅう	30
自動ドア	48

25

地葺き瓦	04
尺貫法	15・17
斜材	26
集成材	26
収納スペース	46
定規	19
昇降補助	44
真壁	05
芯木	15
シングル葺き	01
伸縮目地	13

す

隙間	02・04
雀口面戸－すずめぐちめんど	04
スチールサッシ	18
スチフナ	22
捨型枠	04
捨胴縁	10
捨張り	08
隅切り	02
スレート	16
寸法名称	42

せ

せいがい造り	23
積雪	47
セキュリティー	46
施工誤差	10
接合部	24
接合方法	21
セルフタッピングスクリュー	18・36
0段目	43
繊維強化セメント板	01

そ

雑布摺り	05

雑布破り	07
層構成	08
外開き	46・47
反り止め	51
ぞろ	05・09

た

ターンバックル	45
ダイアフラム	22
台風	25
太陽熱温水器	40
タイル貼り	32
筍目－たけのこめ	05
畳	05
畳寄せ	05
立上がり	15・33
タッピンねじ	36
建具金物	50・51
建具断面	27
建具の裏表	27
建具枠	09・27
竪樋	38
縦胴縁	06・10・17
ダブルドーム	37
玉石	20
垂木	04・11・15・25
垂木受	11
垂木彫り	25
段差	09・33
段差解消機	33
だんぞろ	43
団地サイズ	05
断熱	35
断熱材	15・35
段鼻	43
断面形状	21
断面欠損	19

ち

- 地下水槽 …………………………… 34
- 蝶番 ………………………………… 51
- 散り ………………………………… 05・09

つ

- 通気層……………………………… 35
- 突付け張り ………………………… 07
- 継手ーつぎて ……………………… 24
- 面ーーつらいち …………………… 05・17・52
- 吊木 ………………………………… 12
- 吊木受 ……………………………… 12
- 吊り天井 …………………………… 12
- 吊り元 ……………………………… 49

て

- ＤＰＧ ……………………………… 18
- 出隅 ………………………………… 39
- 手摺高さ …………………………… 43・44
- 手違い鎹ーてちがいかすがい …… 07・11
- デッキ型枠 ………………………… 04
- 鉄骨の接合部 ……………………… 22
- テラゾー …………………………… 13
- 天窓 ………………………………… 37
- 転落防止 …………………………… 44

と

- ドアクローザ ……………………… 47・51
- ドアの外し方 ……………………… 51
- 等高線……………………………… 30
- 胴差 ………………………………… 06
- 胴縁 ………………………………… 06・17
- 通し柱 ……………………………… 19
- 枓栱ーときょう …………………… 27
- 床柱と畳 …………………………… 05
- 把手 ………………………………… 50
- トラス ……………………………… 26

- ドラフトチャンバー ……………… 31
- ドリフトピン ……………………… 26
- ドレーン …………………………… 38
- ドレーンキャップ ………………… 38

な

- 内部結露 …………………………… 35
- 斜めカット ………………………… 02
- 斜め張り …………………………… 02
- 波板葺き…………………………… 04・16

に

- 逃げ………………………………… 06・09・10
- 二重窓……………………………… 37

ぬ

- 布基礎……………………………… 41
- 塗り壁 ……………………………… 39

ね

- ねこ土台 …………………………… 41
- 根太 ………………………………… 07・08・11・12・17
- 根太掛 ……………………………… 11
- 根太の間隔 ………………………… 17
- 熱貫流率 …………………………… 36
- 熱膨張 ……………………………… 13

の

- 軒桁 ………………………………… 04・23
- 軒先 ………………………………… 01・03
- 軒天井 ……………………………… 03
- 軒面戸 ……………………………… 04
- 熨斗瓦ーのしがわら ……………… 04
- ノブ ………………………………… 50
- 野縁 ………………………………… 12
- 野縁受 ……………………………… 12
- 登り淀 ……………………………… 03
- ノンスリップ……………………… 43

は

バイアス張り	08
羽重ね	01・02・27・32
白亜化	40
馬車軌道	15
旗蝶番	51
はっかけ	39
バックセット	50
桔木－はねぎ	03
パラペット	13・28・29
バリアフリー	08・33・50
梁の仕口	24
バルコニー	28
ハンチ	22

ひ

引込み戸	52
引掛けボルト	16
ピット	34
引張	26
引張筋違	26
避難	47
ひねり金物	25
標高投象	30
表面熱伝達	35
開き勝手	46・47
広小舞	03
ピン角	39
ヒンジ	47・51

ふ

ファストピン	51
風圧	47
風除室	48
フェールセーフ	38
葺き方の原理	01
吹抜け	44

不定形材	09
踏面	42
フランジ	21・22
フローリング	07・08・17
フロント	50

へ

閉断面	36
壁面の水切	28
変形対策	13

ほ

防音	12
防湿層	35
防振吊木	12
防水層	29・33
防水・透湿シート	35
［法規・基準類］	25・33・41・44・47
ほぞ	19
ホットロール	21
ホテル	48
ボルトの位置	16
ボルトの方向	16
本実－ほんざね	07

ま

枕木	32
マシンハッチ	34
間柱	06・11・17
丸環	29
マンホール	14・34

み

見切	32
見込平使い	26
水切	28・29・32
水切瓦	28

水勾配	29・31・34・46
水取り	30
水抜き	34
溝蓋	14
見付平使い	26

む
| 無目ーむめ | 36 |

め
目鎹ーめかすがい	07
目皿	38
目地	13
目透し	09
目詰り	38
面ーめん	05・09・39
面外力	22
メンテナンス	34
面戸	02・04
面取り	05

も
毛細管現象	16・31
木構造	26
木製下地	10
木製建具	27
木製トラス	26
木目鋼板スパンドレル	40
木れんが	10
モザイクタイル	32
戻り勾配	03
モヘア	49
母屋	16・25・30

や
雇い実ーやといざね	07
屋根形状	30
屋根面の断熱	15

| やり返し | 18 |

ゆ
床座	33
床下換気口	41
床用タイル	32

よ
浴室の内面壁	32
浴室床	31・33
浴室ユニット	33
汚れ	37・40
寄棟	30
淀ーよど	03
45°目地	31

ら
| 螺旋階段 | 43・45 |

り
| 燐青銅ーりんせいどう | 49 |

る
| ルーズピン | 51 |
| ルーフドレーン | 38 |

れ
| 冷凍倉庫 | 13 |
| レバーハンドル | 50 |

ろ
ろうそく地業	20
陸谷ーろくだに	30
陸屋根ーろくやね	29
ロゴマーク	41

わ
| 渡り腮ーわたりあご | 11・23・24 |
| ワッシャ | 16 |

I
小ピースによる組立て

01	**羽重ねは最後まで** シングル葺きの雨仕舞
02	**重ね重ねの譲合い** 瓦の隅切り
03	**上から見たり下から見たり** 軒先の部材名称
04	**穴があったら入りたい** 面戸の機能
05	**心の隙間はすぐ埋めよ** 真壁と畳の納まり
06	**違ったほうを向いてこそ** 下地材の方向
07	**出る釘は打たれる** 板張り仕上げの釘の打ち方
08	**斜に構えて二者に目見える** 床板を二重に張る場合

01 羽重ねは最後まで

シングル葺きの雨仕舞

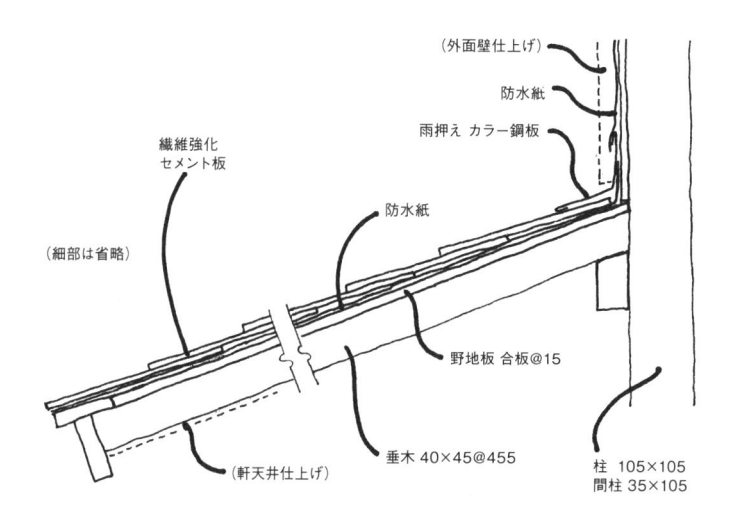

（外面壁仕上げ）
防水紙
雨押え カラー鋼板
繊維強化セメント板
防水紙
（細部は省略）
野地板 合板@15
垂木 40×45@455
（軒天井仕上げ）
柱 105×105
間柱 35×105

問題

図に示す繊維強化セメント板・シングル葺きの
ディテールについて、通常の条件で考えられる
問題点を指摘し、改善案を示せ。

- 屋根・葺き材
- シングル葺き
- 雨仕舞
- 間違い探し

解答

シングル葺き(平板状の屋根材で葺く構法)全般に共通の問題として、この図の最も基本的な間違いは「重ね代不足」である。下の層の隙間をその上の層で塞ぐ形になるが、その層にも隙間があるので、雨仕舞のためには最少でも3枚重ねにする必要がある。3枚重ねになった部分が、実質的な重ね代になる(図-1)。

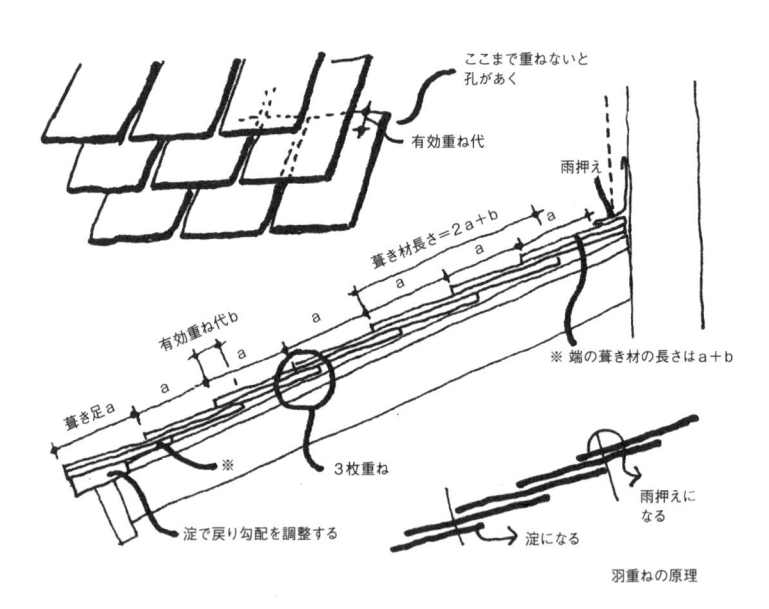

図-1:シングル葺きの原理

解説

重ね代の寸法

　瓦葺きの場合は瓦自体が立体形状であるから重ね代は数cmでよいが、シングル葺きの場合、数cmの3枚重ね部分を確保するためには、シングル同士の重ね代はずっと大きくする必要がある。

　同様の原理の葺き方でも、葺き材の寸法や屋根面の勾配によって、重ね代は変わってくる。平板状の葺き材では、隙間から入った水は重力で下方へ流れると同時に次第に横方向に広がっていくので、次の層の隙間に達する前に、さらにその下の層がなければならない。したがって、幅の狭い板材で葺く場合は重ね代を大きくする必要があり、民家の板葺き屋根には5枚重ねぐらいのものもある。

　さらに幅の狭い葺き材の極端な例が茅葺きで、重ねは数十層に及ぶ。ただし神社等の屋根で見られる桧皮葺きの分厚い断面は、実は見える部分だけで、一般の面部分の重ね枚数はごくわずかである。また、繊維強化セメントやアスファルトシングルなどの既製屋根材でも、経済的理由から重ね代は最少とし、さらに不要な部分を切り落した製品もある（次頁、図-2 ※部分）。

軒先の納まり

　屋根面の上端と下端（軒先）では、無限に羽重ねになったものを切り落とした形になるので、一般部分の約半分（半分＋重ね代）の長さの葺き材が必要である。軒先ではさらにもう1枚分の葺き材の厚さだけ持ち上げる必要があり、「淀」はそのための部材でもある。

葺き方の原理

　この葺き方の原理は、水に耐える平たい板で、あまり透水性がなく、密着して毛細管現象が起きる心配がないものであれば、どんな材質でも使用可能である。木板（柿板等）、樹皮（桧皮等）、石綿セメント平板、アスファルトシングル、平瓦、天然スレート（板の裾の形状によっていろいろな名称あり）、その他の石、草の葉など、要するにその土地で入手可能なあらゆる板材が使われる。石にもいろいろあって、スレートのほか、諏訪地方の鉄平石菱葺き、対馬の超厚型巨大石を使った屋根などがある。

まつわる話

「シングル葺き」なる名称

　平板による葺き構法の総称に、よい名前がない。こうした「耐水性のある平板を、流れ方向に羽重ね、横方向に突付けにした葺き方」の総称を、ここでは「シングル葺き」と呼んでおく。ただし「シングル」は材質による名称なので、むしろ「平板葺き」のほうがよいかもしれない。なお「シングル」はshingle（杮板）であり、singleではない。また「杮（こけら）」は「柿（かき）」ではなく、旁の真ん中の棒が突き抜けた字である。音読みでも「ハイ」と「シ」の違いがある。

　この葺き方の名称を「一文字葺き」とする場合もあるが、これはむしろ葺き上がった状態の表面の模様からくる名称であり、葺き方の原理がまったく異なる金属板葺きにも一文字葺（平葺き、あやめ葺き）があって紛らわしい**(図-2)**。

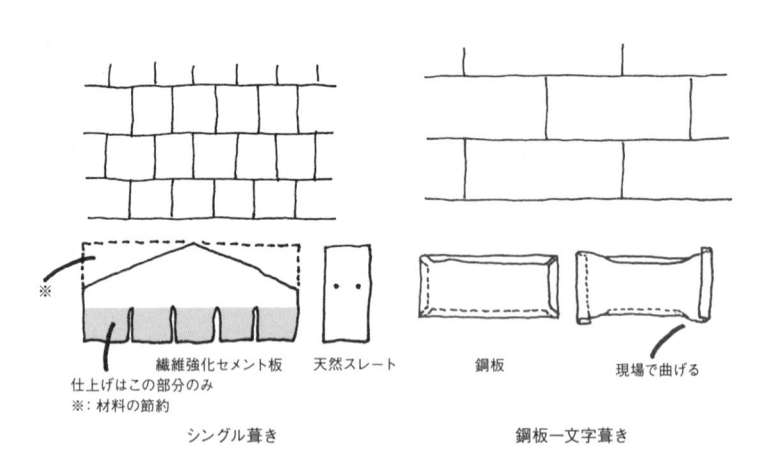

図-2：一文字葺きの葺き材形状と葺き上がり形状

02 重ね重ねの譲合い
瓦の隅切り

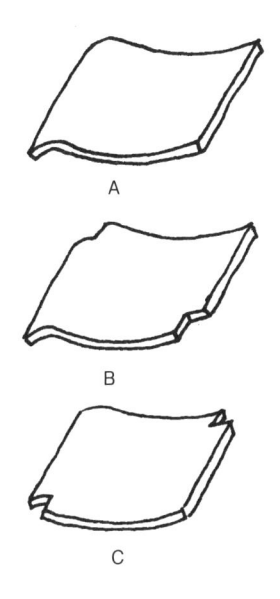

A

B

C

問題
図は通常の桟瓦の形状であるが、正しいものはどれか。

- 屋根・葺き材
- 瓦葺き
- 構法の成立
- 正解探し

解答

　厚みのある仕上げ材（屋根の場合は葺き材）が2方向に羽重ねになる場合は、重ね代同士が重なった部分で、「上の段の下層」の葺き材と「下の段の上層」の葺き材とが重なるから、葺き材の厚み分だけ隙間があいてしまう。

　これを解決する方法が隅切りであり、「上の段の下層」と「下の段の上層」をそれぞれカットすることで、重ね代が二重になるのを防ぐ(**図-1**)。桟瓦葺きは通常は「右波」であるから、左上の桟部分と、右下の面部分に隅切りが必要である。だから正解は「B」。

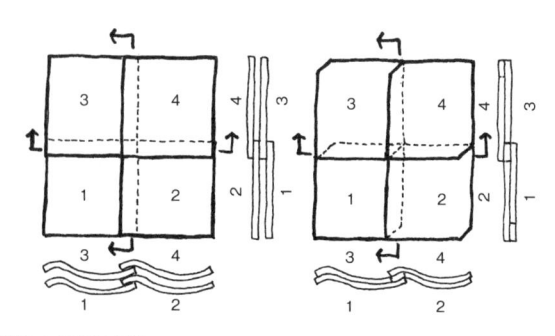

図-1：隅切りによる隙間の回避

解説

隅切り以外の方法

　隅切りは、2方向の重ね代同士が重なる部分で、同一面内で面積的に譲り合う方法だが、その形状には、瓦のように四角く切り取るもののほか、斜めカットなど、さまざまなものがある。この他に同一面積内で厚み方向に譲り合う方法もある（**図-2・a**）。また、一方向の重ね代部分でそれぞれの厚みを半分にすれば、重ね代部分の合計厚さが一般部分と変わらず、直交方向の重ね代とは干渉しない(**図-2・b**)。この考え方で隅切りを無くした製品もある。「特許○○式改良瓦」の類の多くは、隅切り部分の形状に工夫をこらし、雨仕舞、風圧、ずれ等に対する性能を向上させたものである。

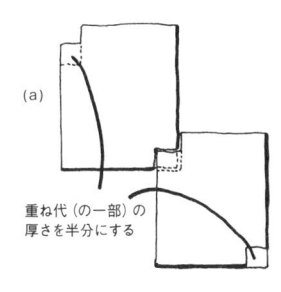

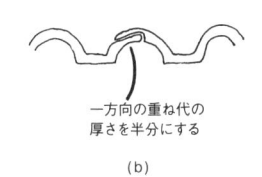

図−2:厚みによる隙間の回避

隙間と面戸

　隅切りを設けず、隙間を容認する葺き方や、隙間を他の方法（つまり面戸）で埋める方法も、原理的にはあり得る。わが国の本瓦葺きでは、丸瓦の下面は直線状なので、羽重ねになった平瓦との間には隙間ができる。これも2方向羽重ねによる隙間の発生という意味では上記と共通である。

斜めカット

　波形セメント板の場合、隅切りは現場で斜めカットすることで形成される。大波板も小波板も横幅方向は1山半重ねの位置で、長さ方向は大波板で約150㎜、小波板で約90㎜の位置でカットする（**図−3**）。桟瓦は通常は右波だが、波板には右葺き・左葺き両方があり、重ね代は母屋間隔によって異なり、また緩勾配の場合にシール併用で重ね代を大きく取る仕様もあるなど、隅切りの位置・寸法が統一できないため、現場で切断することになる。波形鉄板の場合は厚みが薄いので隙間は気にならず、通常は隅切りは行わない。さて、プラスチック波板の場合はどっちだろう？

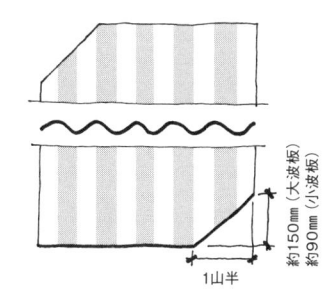

図−3:波板葺きの隅切り（現場加工）

まつわる話

地図を貼り合わせて使う場合

　5万分の1や2万5千分の1の地形図は、緯度・経度で機械的に分割されているから、志賀高原や富士山など、目的の場所がちょうど4枚の地図の交点にかかることがある。そういう場合は地図をあらかじめ貼り合わせて持って行くのだが、上記と同様の原理で4枚重ねとなる部分が発生し、継ぎ目がゴワゴワするだけでなく、雨で濡れると一番見たい箇所が擦り切れてしまう。

　この場合、隅切りの原理で糊代を斜めに切り取っておくとよい。このことは以前から気付いて実行していたのだが、屋根葺き材の隅切りがこれと同じと気付いたのは、大学で構法を教え始めてからである (**図－4**)。

　なお、図幅によって、4枚を貼り合わせたら平面にならない場合がある。地球の表面は回転楕円面だが、それを緯度で6度ごとに円柱面で近似して平面にしているので、その位置で貼り合わせた地図は平面にはならない。

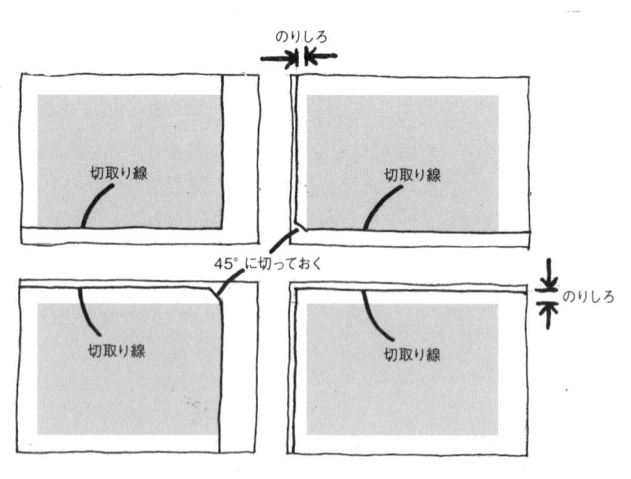

図－4：地図の貼り合わせ方

03 上から見たり下から見たり
軒先の部材名称

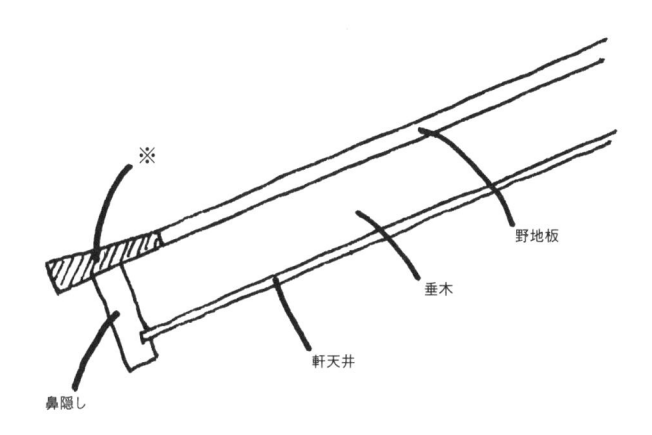

野地板
垂木
軒天井
鼻隠し
※

問題
図は木造住宅の軒先の納まりである。図中に※で示した部材の名称は何か。

- 軒先・天井
- 軒先の見切材
- 構法の名称
- 部材の名称

解答

　この部材の名称は、各種資料を見ると「広小舞」と「淀」が混在しているが、「広小舞」とするほうが多いようである。しかし「広小舞」とは「幅広の小舞」であって、「小舞」は細い材が並んだもの。広小舞は、化粧天井板を下から支えている小舞の軒先側の端に位置する材、すなわち軒天井の見切材である。現代の簡略化された納まりでは、軒天井の一部としての広小舞は消滅しており、屋根面の野地板の軒先の見切材は「淀」と言うべきであろう。なお、同じ見切材でも、けらば側については、どの資料でも「登り淀」とされている。

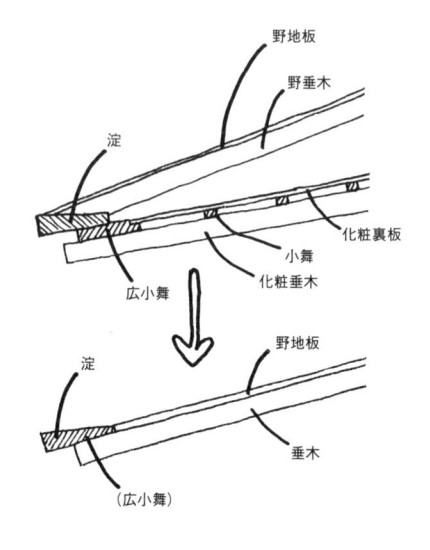

図−1：本来の「広小舞」と「淀」

　ただし、広小舞を単に「垂木先端の上の横材」と解釈すれば、あながち誤用とも言えない。野地板の見切材と軒天井の見切材がディテールの簡略化でひとつの材で兼用されるに至ったとの解釈からは、「上から見たら淀、下から見たら広小舞」と言うこともできる（図−1）。

解説

淀の断面形状

　淀には、屋根の野地板の見切とあばれ防止のほか、下葺きの柿葺きの戻り勾配を調整する機能がある。野地板と表面を揃え、あばれ防止のための厚さを確保し、戻り勾配調整用の勾配をつけるために、一般に長押引きの（断面にテーパーが付

いた）材が使われてきた。

現在では下葺きはアスファルトルーフィングが主流で、下葺きの戻り勾配の調整は不要である。瓦葺きでは軒瓦の納まりからテーパー材が一般的だが、金属板葺きでは矩形断面が自然である。この場合、野地板より厚い材を納めるには垂木先端に欠込みが必要である（図−2）。

鋼板屋根の軒先

ディテールについてまだほとんど知識がない頃だったが、別荘を設計した際に、先輩に教わったとおり、カラー鉄板葺きの淀を矩形断面とした。しかし大工さんに「垂木は取り付けた後で切り揃えるのだから、不安定な場所で面倒な加工は無理」と、テーパーつきのディテールに変えられてしまった。これでは瓦棒の納まりが悪くなり、鉄板が下地から浮いて折れ目が付いてしまうおそれがある（が、無知な設計者はこれに反論できなかった）。鋼板屋根の標準ディテールでは、唐草の厚みを考えて、淀はむしろ野地板より下げることが推奨されている（図−3）。

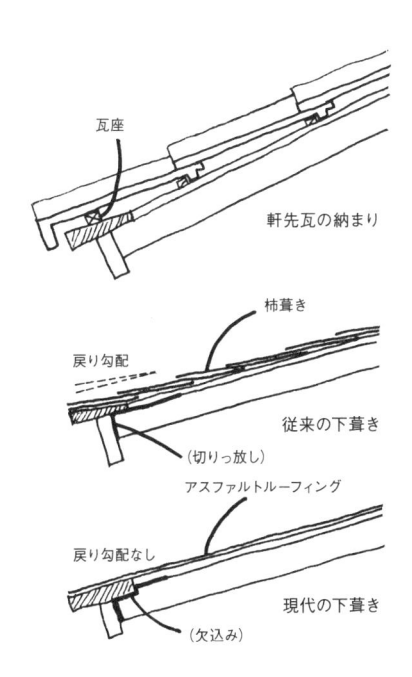

図−2：淀の納まり

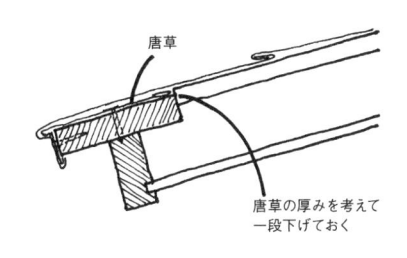

図−3：鋼板葺きの場合

まつわる話

桔木（はねぎ）という構造部材

　伝統的構法では瓦屋根は勾配が急だから、そのままの勾配では軒裏が暗くなってしまうため、屋根面よりも緩勾配の化粧天井を設ける。その場合、軒天井部分に現れる垂木は、当然ながら屋根の架構とは無縁の化粧垂木である。この場合、「広小舞」は前述のように化粧天井の天井板の見切材であり、その上にあって「淀」に相当する材は「裏甲」と呼ばれる。

　軒の出が大きい場合や二重軒にする場合は、桔木（はねぎ）や跳出し梁、すなわち天井裏に隠れたキャンティレバーで軒を支えることになる(**図-4**)。垂木はもともとは小屋組の主要部材であったが、桔木の導入によって構造的役割から解放され、デザイン的には自由な（構法の原理から見れば「不純な」）存在になったわけである。

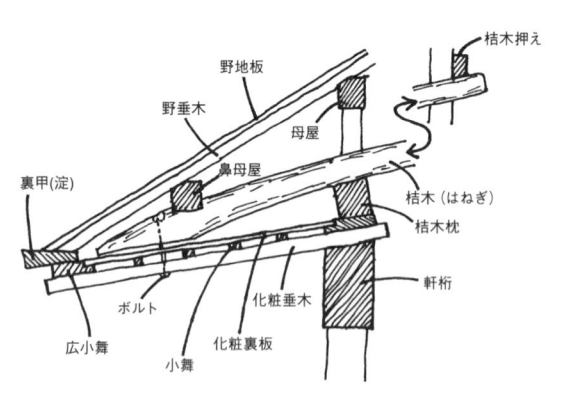

広小舞が太い材になって桔木を受ける場合は「茅負（かやおい）」

図-4：桔木を用いた深い軒の例

04 穴があったら入りたい
面戸の機能

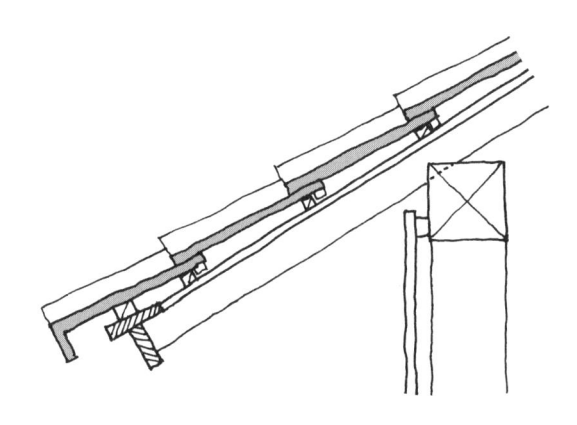

問題

図は軒先の納まりである。通常の条件で考えられる問題点を指摘し、改善案を示せ。ただし、図では防水層等の細部は省いてある。

- 軒先・天井
- 瓦葺き
- 構法の成立
- 間違い探し

解答

軒先では、瓦の先端は野地板より高く、また瓦の下面も平滑ではないから、瓦座との間に隙間ができる。ここを塞いでおかないと、外観が納まらないだけでなく、雀や蜂が侵入して巣を作るおそれがある。この部分を「雀口」、この隙間を漆喰等で埋めることを「雀口面戸」と言う。「面戸」とは、こうした隙間およびそれを埋める物のことである。

また軒桁の上部にも、垂木の成（せい）の分だけ隙間ができる。現代の都市住宅では防火のために不燃材で軒天井を張る場合がほとんどだから問題にはならないが、軒天井がない場合は、この部分にも面戸（軒面戸）が必要である。板で塞ぐほかに、小屋裏通気のために金網やパンチングメタルを面戸とする場合もある（図－1）。

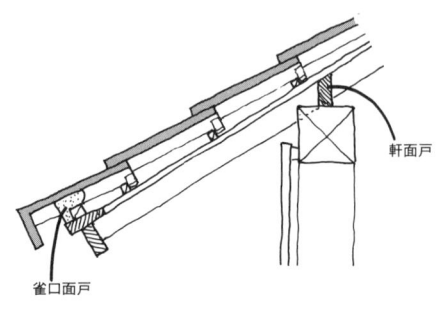

図－1：雀口面戸と軒面戸

解説

瓦葺きの棟等における面戸

瓦の上面は波形で平滑ではないので、直線状の部材と接する場合は、同様に面戸処理が発生する。棟や壁下端の熨斗（のし）瓦と、波状になった面部分（地葺き瓦）との間は、漆喰や面戸瓦で埋める（図－2）。本瓦葺きの丸瓦と平瓦の間にも同様に隙間ができるが、一般には面戸処理はされていない。

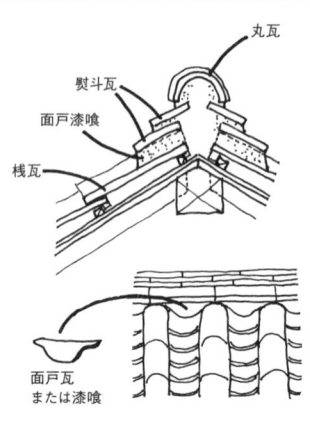

図－2：瓦葺きの棟の納まり

波板の面戸

　波板葺きも瓦と同様に表面が平滑ではないため、直線状の部材とぶつかる箇所に波の高さ分の隙間ができて、面戸処理が必要となる。波板製品には、波を埋めるために先端が波状になった役物部品がある（**図-3**）が、モルタルで埋めた例も散見される。

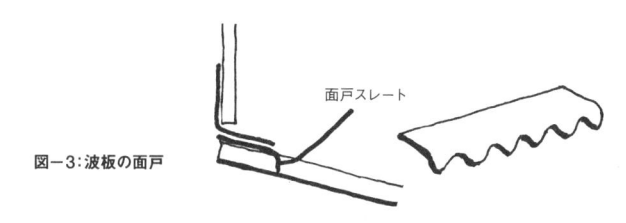

図-3：波板の面戸
（面戸スレート）

RC床スラブのデッキ型枠

　S造建築のコンクリート床スラブには、鋼製波板（キーストンプレート等）の捨型枠が用いられるが、やはり端部の面戸処理が必要である。初期の製品は端部が切りっ放しだったから、現場でいちいち専用の金物で塞いでいた（**写真-1**：ひどい現場では新聞紙やガムテープで塞いだものもあったようである）。その後、製造段階で端部を平たく加工して、面戸処理が不要なように改善されている。これは、使用箇所ごとに寸法の異なる製品の製造が可能になったという、生産管理の電子化のおかげである。

写真-1：鋼板捨型枠の端部処理
初期の製品は端部が折曲げ加工で塞がれていなかったので、現場で専用金物で塞いでいた。嵌め込んだ後、外れないようにポンチで叩いて凹ませてある。世界貿易センターの現場（東京・浜松町/1969）。

まつわる話

本瓦と桟瓦

　和洋を問わず世界中に、さまざまなタイプの瓦があるが、雨仕舞の原理としては、シングル葺きを除けば、わが国の本瓦と桟瓦の2種類に帰する。桟瓦は、わが国で江戸時代に、本瓦より軽量の防火屋根として発明され、さらに引掛桟瓦は葺き土の軽量化のために、やはりわが国で明治時代に発明されたとされている。しかしわが国の桟瓦や引掛桟瓦にそっくりな瓦はオランダにもある模様。

　ところで本瓦葺きは、丸瓦も平瓦も同じく雨仕舞上は「羽重ね」だから、どちらも重ね目に厚み分の段が付くはずだが、わが国の本瓦は、丸瓦の外形がまっすぐな半円柱状である。わが国独自の美意識からきたものかどうかはわからないが、外国の瓦はほぼすべて、丸瓦（に相当する瓦）の重ね目にも段がある。わが国でも飛鳥時代の古式瓦はこのタイプの本瓦で、奈良・元興寺（極楽堂・禅室）が有名だが、他にも東寺・宝塔寺・孝恩寺・富貴寺などに残っている（**写真ー2**）。

写真ー2：元興寺瓦
元興寺・極楽堂の屋根の一部（写真の右半分）が、丸瓦にテーパーの付いた古代瓦で葺いてある。

05 心の隙間はすぐ埋めよ

真壁と畳の納まり

柱
塗り壁
畳
床(下地)板
根太(際根太)

問題

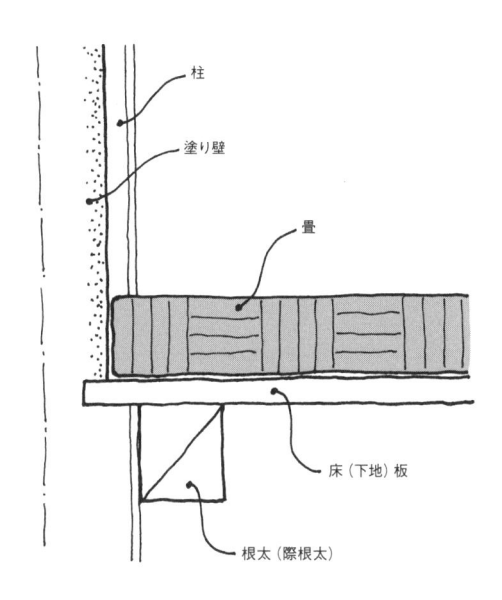

図は和風真壁と畳の納まりである。通常の条件で考えられる問題点を指摘し、改善案を示せ。

- 壁
- 和風真壁・畳
- 構法の成立
- 間違い探し

解答

この図の間違いは「畳寄せの欠落」である。真壁は「心壁」とも書くとおり、壁心(芯)の位置に設けられる壁であり、仕上げ面は、柱の面より引っ込んでいる(この段差の寸法を「散り(ちり)」と言う)。したがって、真壁が他の部材と接するところでは、散り寸法に相当する隙間を埋める部材が必要となる。これが「畳寄せ」であり、これが塗り壁の見切となる(図-1)。板の間の場合は、畳の場合のような隙間ができるわけではないが、やはり塗り壁の見切部材としての「雑布摺り」が入る(図-2)。

現在の住宅の和室(いわば「畳敷きの洋室」)のように、真壁以外でも、建具枠などの壁面から出ている鉛直部材が畳敷きの床面に達している場合には、やはり畳寄せが必要となる(図-3)。

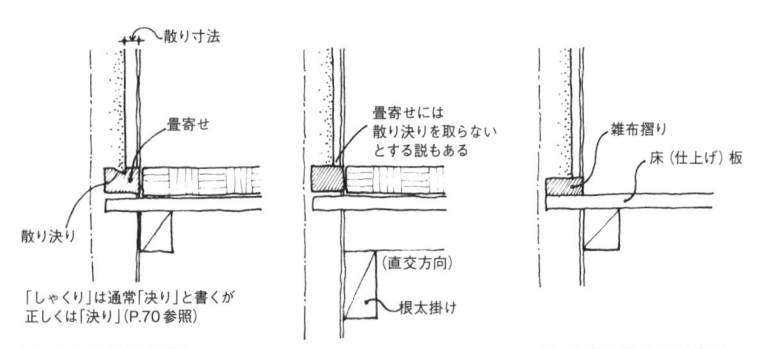

図-1:散り寸法と畳寄せ

図-2:板の間では雑布摺り

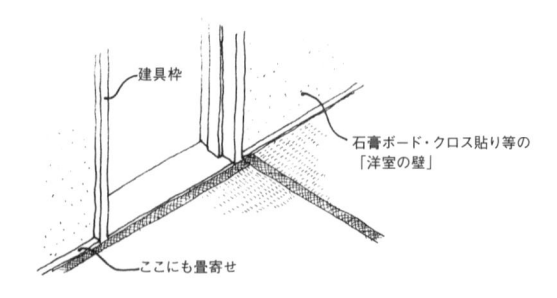

図-3:「畳敷きの洋室」の場合

解説

柱の「面取り」との関係

畳に接する畳寄せや敷居の表面は、柱の外面に合わせる「面外(めんそと)」納まりとして、わずかな隙間も作らないようにする必要がある。2材を「面一(つらいち)」(ぞろ)に納めることは、施工誤差の点からは一般に回避されるべきものだが、畳寄せや敷居はその例外。

このような隙間の問題が発生しない鴨居では、「面内(めんうち)」納まりとするのが普通である。床の間の床框も、同様に「面内」とするが、そうすればやはり畳寄せが必要となる (図-4)。

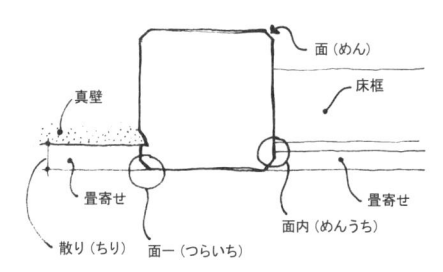

図-4:柱の「面」との関係

床柱と畳

床柱(とこばしら)には意匠性から丸太を使う場合がある。丸太の下部を削って「自分の領域」に納まってもらうという方法もあるが、丸い断面のまま床面まで降ろす場合は、柱が畳の領域を侵すことになる。ここの納まりはどうなっているのか気になるところだが、まさか丸い柱に合わせて畳を切り取るわけにはいかないから、柱のほうを欠き込むことになる (図-5)。

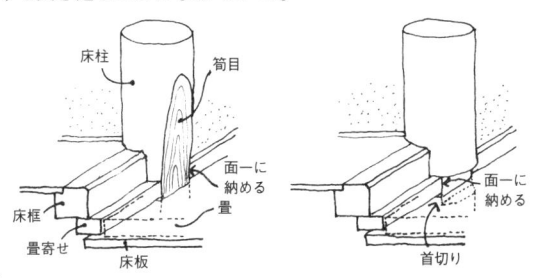

図-5:丸太の床柱と畳

まつわる話

団地の畳と柱型

　集合住宅の和室も今や絶滅危惧種の仲間に入りそうだが、以前の公団住宅やマンションでは、和室は必ずあった。いざという時に蒲団を敷けば寝室になるという多用途性が重宝されたわけである。しかし住戸面積が充実し（といって亭主の部屋はないのだが）、就寝形態もベッドが多くなり、和室といっても畳の上にカーペットを敷いて洋室のように使うケースが多くなっていた（引越しの際に、運送業者が真っ先に「カーペットはどこに敷きますか」と聞くことがこれを物語っている）。今では和室なしのマンションが多くなっている。

　RC造ラーメン構造の集合住宅では、室内に柱型が露出する。和室があった時代には、この柱型を何とかせねばならなかった。板敷きの部分を設けて柱型を処理できなかった場合は、まるで茶室の炉のごとく畳の角を大きく切り込んだ例もあった。「団地サイズ」というと、通常の畳より小さな寸法の物をいう表現だが、角を切り取った畳もある意味では団地ならではの畳であった。

　現代の木造住宅では柱の断面寸法は統一されているのが一般的だが、古民家では大黒柱のように他より太い柱がある。これが畳敷きの部屋にある場合に、団地のRC柱のように畳を切り欠いた例もある（**写真－1**）。

写真－1：太い柱に合わせて畳を切り欠いた例
この写真は「団地サイズの畳」ではないが、原理は同じ（小樽・祝津「旧田中家住宅（鰊御殿）」／1995）。

06 違ったほうを向いてこそ
下地材の方向

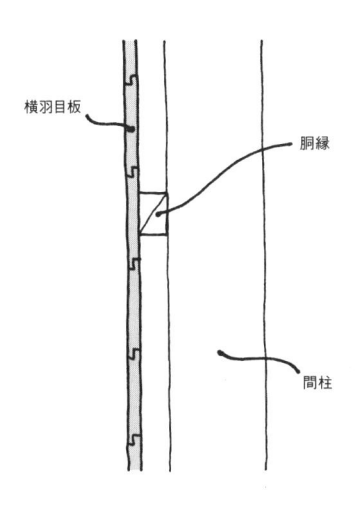

横羽目板

胴縁

間柱

問題

図に示す板張り壁の下地材の入れ方で、通常の条件で考えられる問題点を指摘し、改善案を示せ。ただし防水紙・断熱材等は省いてある。

- 壁
- 板張り壁
- 構法の成立
- 間違い探し

解答

幅の狭い板で面を構成する場合、下地の線状材の方向は板とは直交方向になるのは当然である。縦張りには胴縁、横張りには間柱が下地になる。この図は、こうした原則を云々する以前の、仕上げの板が張れないという単純な間違いである。

解説

下地の向きと間隔

線状の材を一定間隔で並べて面の下地を構成する場合、直交方向に層を重ねて、順次材を細く、間隔も詰めていくのが原則である。曲げに耐える部材はスパンに応じた太さ（梁成）が必要であり、大スパンの材は太く、スパンが小さくなれば細い（薄い）材でもつ。ある層の部材のスパンは下の層の部材間隔（ピッチ）であり、その層の部材の厚さ・太さによって決まる。この原則は壁でも床でも屋根でも同様である。

たとえば木造2階床の構面は（本式の組床の場合）、梁・大引・根太・床板と、主要構造材から順に材が細く（薄く）なっていって、最後に連続した仕上げ面に達する。屋根（梁→母屋→垂木→野地板）も、壁（柱・桁→間柱→胴縁→仕上げ層）も、この原則で解釈できる。

したがって、幅の狭い板で面を構成する場合、下地の線状材の方向は板とは直交方向になるのは当然である。縦羽目板には水平な胴縁、横羽目板には鉛直な間柱が下地になる。

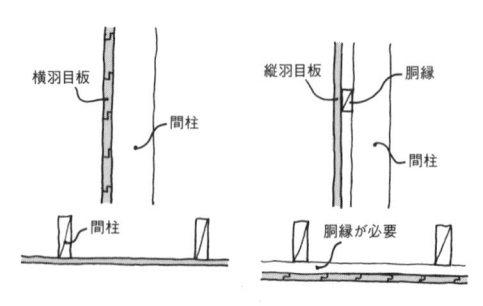

図―1：板張りには直交する下地

しかし問題の図は、こうした原則云々以前の、これでは仕上げの板が張れないという初歩的な間違いである。胴縁のない部分では板材を支えるものがなく、板は空中に浮いてしまう。

胴縁の入れ方

木造軸組の場合の胴縁は、柱・間柱の表面に取り付ける場合と、欠き込んで埋め込む場合がある。躯体の寸法誤差を逃げるためには浮かせるが、一方で通路や開口部の幅の確保などのために壁厚を薄くしたい場合は、埋込みにする。近年ではプレカットの普及で躯体の精度が高くなり、柱や間柱にじかに面材を張っても問題なしとする場合が多いようである。

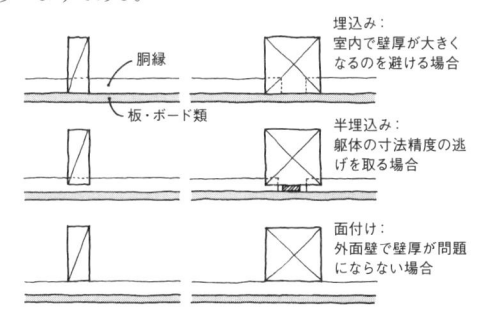

図－2：胴縁の取付け方

胴縁の厚みは間柱の間隔で、間隔は板材の厚さで決まる。また、釘を打つ位置（一定間隔および板材の端部）には必ず下地が必要である。また2方向とも定尺であるボード類では、釘受けと隙間防止のために、縦横ともに胴縁が必要である。

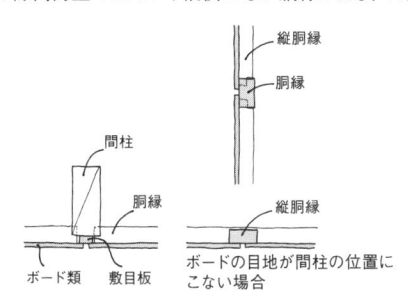

図－3：ボードの継ぎ目には縦横ともに下地材が必要。

まつわる話

「胴」という字

　面を構成する板材の直下にくる線材は、床では根太、屋根では垂木、天井では野縁、壁（縦張り）では胴縁である。胴縁の「胴」は、「ものの中腹部・中央部」という意味だから、建築では「高さの中間に入った水平の部材」の意味になり、木造2階建ての場合の「胴差」の例もある。

　しかし胴縁という名称は、水平（方向）の概念より下地材（機能）の概念のほうだけが意識され、「縦胴縁」なる言葉まで派生している。こうした矛盾する建築用語は、ほかにもいろいろある。たとえば「塩ビ幅木」・「アルミ笠木」などでは、木はもはや材質としての意味を失っている。

07 出る釘は打たれる

板張り仕上げの釘の打ち方

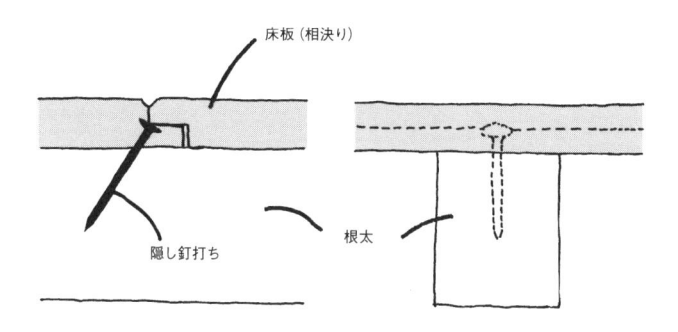

床板（相決り）

隠し釘打ち

根太

問題

図は板張り仕上げの床で、釘頭を露出させないで釘留めする「隠し釘打ち」である。通常の条件で考えられる問題点を指摘し、改善案を示せ。

- 床・基礎
- 板張り床
- 構法の成立
- 間違い探し

解答

　板張り床の表面には、釘頭を露出させない「隠し釘打ち」とするのが普通である。露出していたのでは、意匠的に「視覚ノイズ」となり、足の裏に触ると不快・危険であり、糸が引掛かって靴下等を傷めることもある。釘の頭が露出することを「雑布破り」と言う場合がある。

　図のような相決りの場合、間違い探しとしてはごく初歩的な問題だが、これでは板は留まらない。床の表面にかぶさる側の板を根太に固定する必要がある。相決りの場合は、手違い鎹（かすがい）や目鎹を使う。板の幅が広い場合は、中間部の浮きを止めるため、板幅の中央に釘彫りをして同様に手違い鎹や目鎹で留める場合がある（図-1）。

　目鎹は社寺建築の周囲の縁などに使われているから、下から覗くとよくわかる。目鎹の釘孔を長孔にして、床の撓みで擦れて音がするようになっているのが「鶯張り」である。

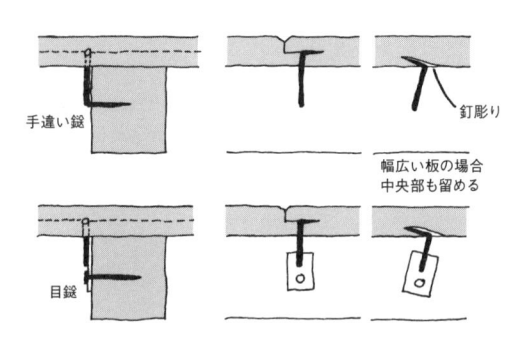

図-1：手違い鎹・目鎹

解説

実矧ぎの場合

　実矧ぎ板張り、すなわち本実（和風では針葉樹の縁甲板、洋風では広葉樹のフローリング）や雇い実の場合は、板の側面（板傍）の凹部を利用して、釘を斜めに打てばよい。釘留めした板に次の板を嵌め込んで、順に張っていけばよい。な

お学生に図解させると釘が短い図を描く者がいるが、釘の長さは板厚の2.5倍程度必要である（**図−2**）。

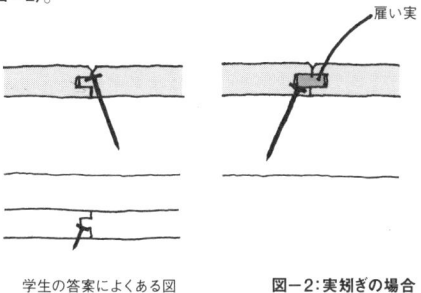

学生の答案によくある図　　　図−2：実矧ぎの場合

突付け張りの場合

板傍に凹部が無くても、斜め釘打ちとし、合釘（両頭の釘）で板相互を接合すれば、隠し釘打ちにできる。また表面から釘を打って、釘の頭を埋め込んで埋め木をする方法もある。埋め木が見えるのを逆にデザイン要素にする場合もあり、塩ビシートに印刷された板張り模様にも、埋め木を意匠とした製品がある。埋め木の代わりに木工パテで埋めてもよいが、その場合は不透明な塗装が前提となる。合釘を使う方法は相決りにも使われ、問題の図でも、合釘を使えば不可能ではない。

なお、床面の平滑性が問題にならない下地板や仮設現場小屋の床では「脳天釘打ち」のままというのもあり得るが、これは仕上げ構法には含むべきではないだろう（**図−3**）。

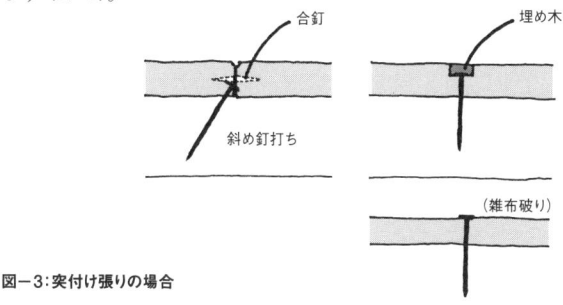

図−3：突付け張りの場合

まつわる話

接着剤の功罪

　昨今では合板張りの下地に仕上げ板を木工ボンドで貼り付ける方法も多用されている。施工は簡単であり、浮きによる床鳴りの問題もなくなるなど、乾燥収縮が問題にならないような床板製品であれば合理的な構法であろう。乾燥した木材が使えない時代の板張り床では、板を幅方向に強く圧縮して嵌め込んだり、仮留めしたまま1年ほど置き、乾燥収縮が落ち着いた後で釘を打ち直すという手間を掛ける場合もあった。接着剤はたしかに施工性も良いし、床の性能の面でも優れた材料である。しかし、釘を抜いて分解・補修することは不可能となり、ただバリバリと破壊する以外に方法はなくなる。将来のメンテナンスや解体を考えた場合、あまり良い工法ではないという見方もあろう。

08 斜に構えて二者に目見える
床板を二重に張る場合

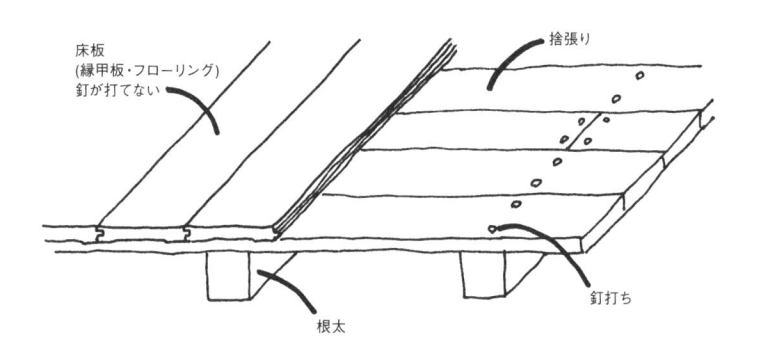

(図中ラベル)
- 床板(縁甲板・フローリング) 釘が打てない
- 捨張り
- 根太
- 釘打ち

問題

縁甲板やフローリングの床で、捨張りと仕上げの二重張りにする場合に、捨張りと仕上げ板を同じ方向には張りたくないが、板は根太と平行には張れない。どうやって張ればよいか。ただし床板は根太に釘打ちとする。

- 床・基礎
- 板張り床
- 構法の成立
- 設計問題

解答

　板張り床で根太と直交方向に捨張り板を張り、さらにそれに直交方向に縁甲板を張ったのでは、縁甲板は根太と平行になってしまう。根太と床板が平行ではそもそも床面自体が成り立たない。これについては、No.06「違ったほうを向いてこそ」でも述べたとおりである。根太と平行には板は張れないが、必ずしも直交する必要はない。この場合の正解は「捨張りを根太と45°方向に張る」である（図－1）。

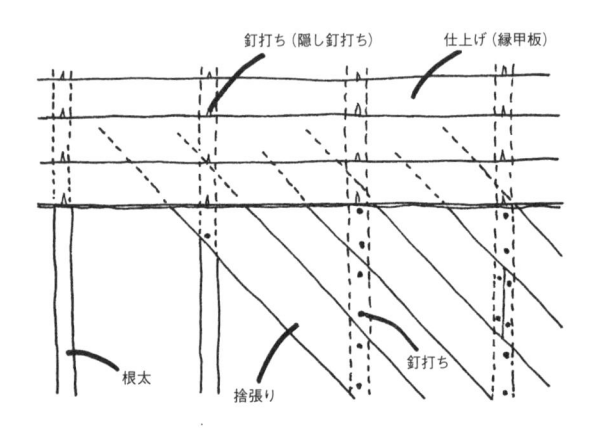

図－1：捨張りは斜めに張る

解説

角度があれば直交の必要なし

　この問題は、縁甲板のような幅の床板を使って、捨張りと仕上げ張りの二重に張る場合であるが、捨張りと仕上げ板を同じ方向に張ったのでは、荷重分散効果がなくなってしまう。といって根太と直交方向に張った捨張りに直交させた仕上げ板は、釘打ちができない。

　しかし板は、必ずしも根太と90°に交わらなければならないわけではない。一定間隔で根太に釘を打つことができればよいわけだから、捨張りを45°方向に張

ればよい。また斜め張り(バイアス張り)には、面内剛性を確保する効果もある。ただし現在では、捨張りには合板を使うことがほとんどだから、実際にはこのようなことが問題になるケースは少ない (図-2)。

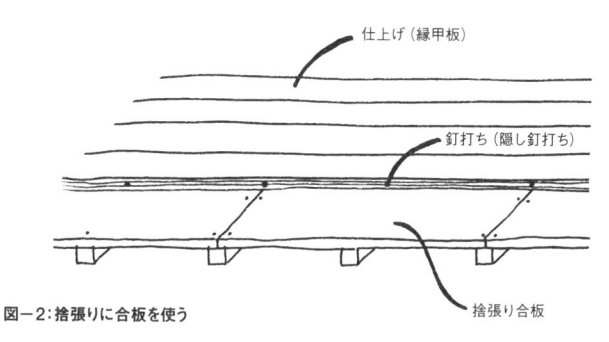

図-2:捨張りに合板を使う

根太の省略

　床や壁の面内耐力要素に厚い合板を使う構法は、現代の在来木造ではかなり普及している。床の場合、床梁（大引）にじかに合板を張り、根太や火打を省略する構法であるが、床仕上げの厚さが異なる室間でバリアフリーのために床面を揃えるのには向かない。こうしたいわゆる「新木造システム」は、いろいろな断面の部材をうまく組み合わせて撓みや誤差を吸収しながら建物全体を柔らかく組み上げるというわが国の伝統的な木造の考え方とは、異なる構造方式と言うべきであろう (図-3)。

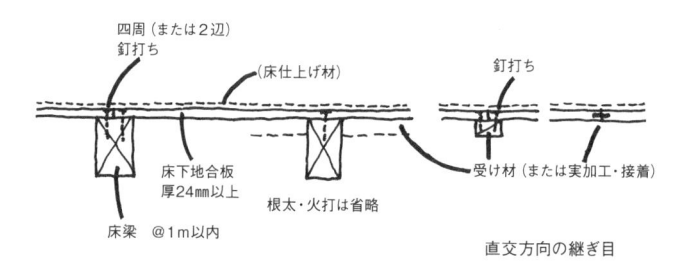

図-3:新木造システムの床の例

まつわる話

同一方向の二重張り

　現在では、床板の捨張りは合板が主流となったが、捨張りに小幅板を使うケースもある。しかし、捨張り板は斜め張りにはせず、仕上げと同方向に張っている例も見られる。こうすれば、ここで指摘したような釘打ちの問題は起こらず、二重に張ればたしかに1枚張りよりは床剛性は改善されるものの、荷重の分散や方向性の均一化の効果は期待できないと思われる。ただしこうした場合でも、捨張りと仕上げ板の板幅を違えて、継目が揃わないような工夫はしているようである（図−4）。

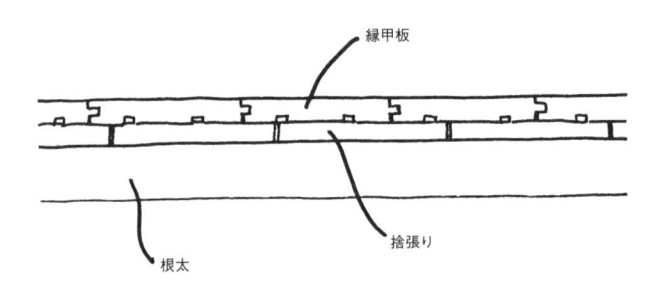

図−4：捨張りと仕上げ板を同じ方向に張った例

II
「逃げ」の納まり

| 09 | 近づけばアラも気になる
面外方向の誤差の逃げ

| 10 | 面と面とを取り持って
RCに面材を張る

| 11 | 似たもの同士が喧嘩する
垂木の支持方法

| 12 | 付かず離れずされど丈夫に
木製天井の吊り方

| 13 | 硬い奴でも態度を変える
テラゾー床の目地

| 14 | がたがた言わせない
三角形の溝蓋

09 近づけばアラも気になる

面外方向の誤差の逃げ

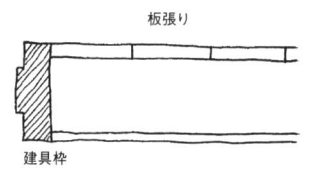

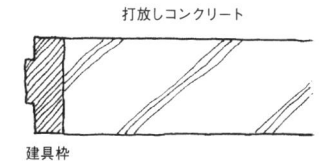

板張り　　　　　　　　　　打放しコンクリート

建具枠　　　　　　　　　　建具枠

問題

図に示す建具枠まわりのディテールで、一般的な条件で考えられる問題点を指摘し、改善案を示せ。

- 出入口
- 建具枠
- 誤差変位吸収
- 間違い探し

解答

仕上げ面で2つの材が接する場合、その表面を「ぞろ」にすると、面外方向の位置・寸法のわずかな誤差（不陸）が目立ってしまう。ものの寸法には誤差がつきものであり、板張りやボード張り仕上げや、図のような枠と仕上げ面など、定形材同士が接する箇所では、段差の発生は一般には不可避である。室内では至近距離から見たり触ったりすることがあり、光の当たり方によっても、わずかな段差が目立ってしまう。したがって、2つの材を「ぞろ」に接ぐのは一般には好ましくない納まりである。

解説

表面の誤差を見せない

こうした表面の段差が目立つことを避けるディテールとしては、目地を取って目透かしにする、面を取る、はっきり段差をつけるなど、隣り合った材の表面を離すことで、段差に気付かせない方法が一般的である。合板や繊維強化セメント板などのボード張りでは、目透かしにすることが多い。面材同士の間を数mm空けておけば、少々の段差はわからなくなる。枠と面材の継ぎ目についても同様である（図-1）。

図-1：目透かし

相決りの縁甲板やフローリングの断面は、単に実刻ぎになっているだけではなく、面を取るのが普通である。糸面を取っておくのは、誤差を見せないことのほかに、角が傷んだり欠けたりすることを防ぎ、実(さね)が嵌りやすくする工夫。さらに裏面は、反って浮くことを避けるためわずかに決（しゃく）っておく（図-2）。

図-2：面取り

枠や見切り縁など、面材とは異なる材が接する場合は、散り寸法を取るのが普通で、こうすれば表面の少々の凹凸は問題なくなる(**図-3**)。打放しコンクリートなど精度の出にくい仕上げでは、角がきれいに出ないので、幅木まわりや回り縁まわりでも類似の「逃げ」のディテールが見られる(**図-4**)。

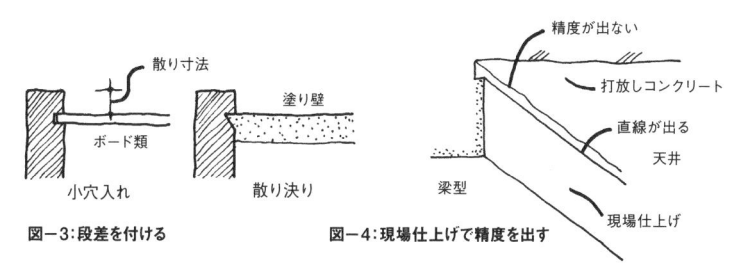

図-3:段差を付ける　　　図-4:現場仕上げで精度を出す

不定形材・現場仕上げ

　こうした「逃げ」の手法のほかに、段差を不定形材でつないでしまう方法や、仕上げ後の変形が問題にならない材の場合には、現場で2材を一緒に削ってしまうという方法もある。そもそもあらかじめ寸法が決まった定形材同士が別々に取り付けられるから誤差が発生するわけであり、不定形材や現場切削など、現場で寸法を決めることができれば誤差は発生しない。

　石膏ボード下地の段差をなくすためには、継ぎ目をパテで埋める。そのために端部にテーパーを付けた製品もある(**図-5**)。固い板材のフローリングの場合などでは張ってからサンダー掛けをする場合もあり、No.13「硬い奴でも態度を変える」で採り上げた現場塗りテラゾーでは、真鍮目地もろとも砥石で削る。

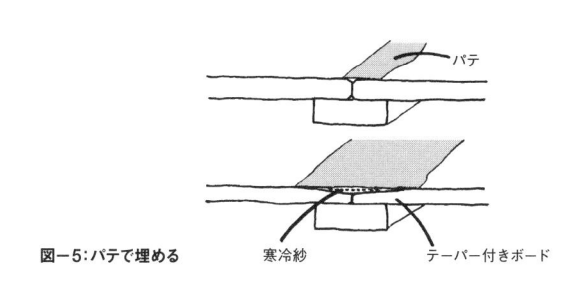

図-5:パテで埋める

まつわる話

「決(しゃく)り」という字

「ちりじゃくり」や「あいじゃくり」の「しゃくり」は「欠き取る」意であり、普通は「冫」(にすい)の「決り」と書くことが多いが、正しくは「さんずい」の「決り」である。「しゃくり」であって「きまり」ではないという気持ちから「決り」じゃないほうの字を当てた、といったところであろうか。

ちなみに講談社大字典には、「さんずい」は「水」(河川の流動する形)の略字で意味は同じ、「冫」は「氷」の本字で凍った形(ヒビが入った形か)であり、読みは「ひょう、こおり」、『決』は『決』の俗字」とある。

10 面と面とを取り持って

RCに面材を張る

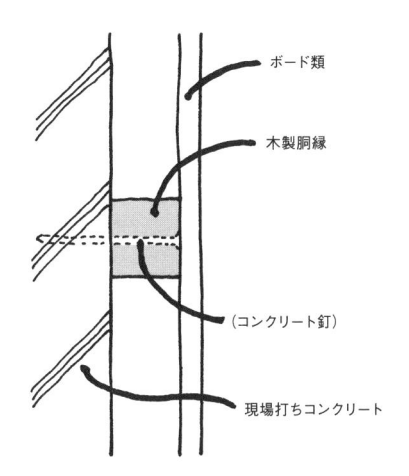

- ボード類
- 木製胴縁
- (コンクリート釘)
- 現場打ちコンクリート

問題

図は現場打ちRC造に木製下地を組んでボード等を張るディテールである。通常の条件で考えられる問題点を指摘し、改善案を示せ。

- 壁
- RC造・木製下地
- 誤差変位吸収
- 間違い探し

解答

　現場打ちRC造の壁に木製下地を組んで板材やボードを張る場合は、躯体の施工誤差を逃げるための寸法調整を可能にしておく必要がある。PC版やALC版ならある程度の精度が期待できるが、現場打ちRCの場合は、一般に型枠の精度はあまり良くないことを前提としておかねばならない (**図-1**)。室内仕上げの誤差は1mm以下でも問題になるが、現場打ちコンクリートの施工誤差は時にcmオーダーになる。

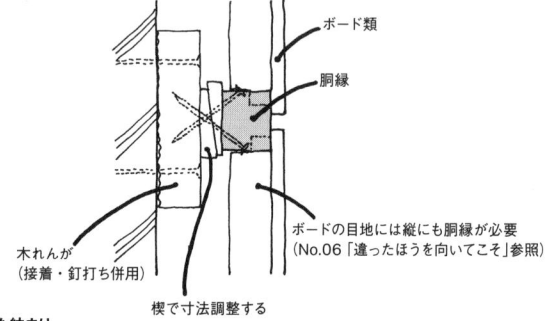

　　　　　ボード類
　　　　　胴縁
　　　　　ボードの目地には縦にも胴縁が必要
　　　　　（No.06「違ったほうを向いてこそ」参照）
木れんが
（接着・釘打ち併用）
楔で寸法調整する

図-1：逃げを取った納まり

解説

誤差の吸収

　RCに板やボードを張る場合に限らず、一般に躯体の精度と仕上げの精度は異なるため、躯体と仕上げ材の間には寸法調整代としての「逃げ」を取っておく必要がある。上記の床・壁下地の楔やモルタル団子のほかにも、基礎の天端はコンクリートでは精度が出ないからモルタルで仕上げる。鉄骨柱のベースプレートを受ける部分も同様に、何段階かに分けて精度よく仕上げる。木造住宅のアルミサッシは周囲に隙間をあけ、ユニット類の取付けも同様にスペーサーやアジャストねじ等で位置調整する。カーテンウォールのファスナーはX・Y・Z方向にそれぞれ調整可能になっている。

木製下地

　厚み方向の寸法誤差を吸収するためには、木製の楔を2つ使う方法が一般的で

ある。壁に石膏ボードを張る場合は、団子状の石膏系接着剤も使われるが、寸法調整の点からいえば、押しつけ過ぎてしまうと戻せなくなり、黴が問題になる場合もあるので、木製または鋼製の下地を組むほうが確実である。

木れんが

壁のコンクリートに木製下地を取り付ける場合、アンカーボルト埋込みでは大袈裟なので、以前は、釘打ち用に木れんが（型枠にあらかじめ蟻状の木片を取り付けておいてコンクリートに打ち込んだもの）が使われた。しかし施工に手間がかかる上に位置の精度も期待できないため、現在では接着剤とコンクリート釘の併用による後付けが一般的である。

捨胴縁

埋込み式の木れんがでは、位置がコンクリート側で決まってしまうので、胴縁の取付け位置の自由度を確保するためには、胴縁（変な言葉だが「縦胴縁」も含む）とは直交する方向に、ある程度の長さの「捨胴縁」を入れればよい **(図−2)**。

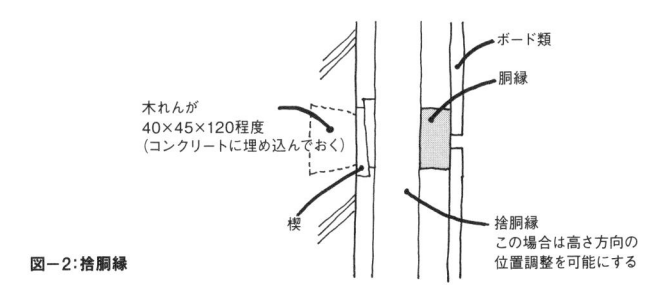

図−2:捨胴縁

このように直交させることは、次に来る層の材の取付け位置の自由度を確保することも目的である。直交する下地の存在によって、次の層の材を取り付ける位置は、面外方向に拘束されるが、面内の方向に対しては自由となる。すなわち、位置の自由度（寸法の誤差に対する「逃げ」）を確保しつつ、取付けの際の位置の自由度を減らす（位置合わせ作業を単純・容易にする）手法である。

まつわる話

もう一つの「木れんが」

「木れんが」という部材には、コンクリートに取り付けて釘を打つもののほかに、主として外部の床仕上げに使うものがあって、名前は同じでも機能はまったく別である。後者の木れんがは、アスファルト含浸した数センチメートル角の木材を、小口を上に向けて地面に並べ、目地にはアスファルトを流し込む。

ではついでに、クイズをもう一つ。

「木れんが仕上げの場合、目地にはなぜモルタルを使わないか？」

解答：モルタルでは木材の収縮で隙間ができてしまうおそれがあるから、ゆっくりした変形に馴染むことが可能な材料を使う必要がある。モルタルでは、隙間ができてカタカタいうだけでなく、木れんがが脱落してしまう。山スキーで寄ったある山の休憩所は、林業振興のためか木材がふんだんに使われており、間伐材とおぼしき丸い断面の木れんがが床のモルタルに埋め込んであったのだが、丸太の乾燥収縮で隙間ができてしまっていた。

写真－1：間伐材丸太の木れんが
木材が乾燥収縮して、目地モルタルとの間に隙間ができてカタカタいう状態は、まるでラテン楽器の「キハーダ」（驢馬（ロバ）や馬の顎の骨を拳で叩くと歯がカタカタ鳴る）のようであった（栗駒山・イワガミ平レストハウス／1981.6）。

11 似たもの同士が喧嘩する

垂木の支持方法

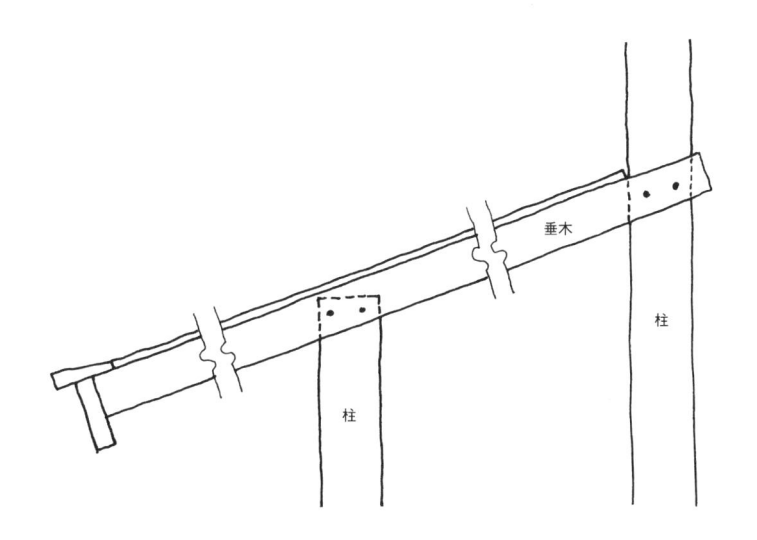

問題

図に示す木造在来構法の下屋部分の小屋組について、通常の条件で考えられる問題点を指摘し、改善案を示せ。ただし、図では骨組以外は省いてある。

- 木構造
- 小屋組
- 構法の成立
- 間違い探し

解答

垂木は、柱や間柱にじかに取り付けることはない。図のように横から打ち付けると、垂木の位置は完全に柱・間柱で決まってしまうから、いったん横架材（垂木受）を流して、柱や間柱と縁を切って、取付け位置を自由にしておく必要がある（図-1）。

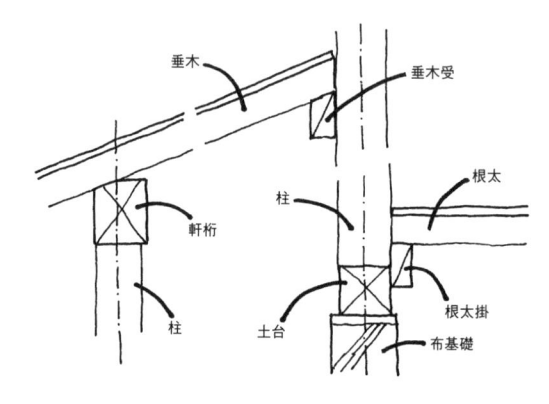

図-1：垂木受と根太掛

解説

垂木の間隔

垂木は通常は1尺5寸（455mm）間隔であるが、これは野地板（現在では合板）の大きさの整数分の1である。ただし野地板に小幅板を使う場合は、垂木の間隔はある程度は自由である。また、屋根の葺き方によっては必ずしも1尺5寸が適切とは限らない。鋼板瓦棒葺きの場合は、垂木の位置は瓦棒の間隔に合わせることになるから、455mmにはならない場合がある（No.15「立ち上がれ鉄板」参照）。また、柱や間柱の側面に打ち付けたのでは、モデュール寸法の通り芯と垂木の芯が狂ってしまう。垂木の位置は下地合板の継ぎ目になければ、板の端部に釘が打てない（No.17「支えてくれる相手がほしい」参照）。

根太の場合

　床の根太についても同様で、根太掛をいったん流して、その上に根太を載せる**(図−1)**。土台の上面に根太をじかに載せてしまうと、上記と同様に根太と間柱が干渉し、床面の高さにも自由度がなくなる。床の仕上げ面に段差をつけたり、逆にバリアフリーのために厚さの違う床面の高さを揃えたりするためには、高さの自由度は必須条件である。根太掛の存在によって床面の高さが自由になり、間柱との干渉も回避できる。

　2階の床の場合は、根太掛を使うこともあるが、胴差には大入れ、床梁には渡り腮（あご）掛とするなど、床構造の厚さ寸法をなるべく小さくすることが多い**(図−2)**。これは天井懐の寸法を小さくして、建物全体の高さ（斜線制限等に関わる）や階高（階段のスペースが大きくなる）を減らすためであるが、間柱との干渉を避ける効果もある（No.24「開いた口は塞がらぬ」参照）。

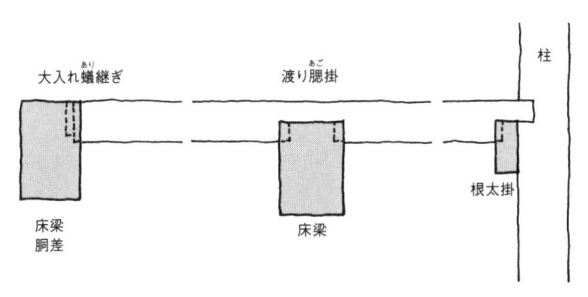

図−2:2階の床組

まつわる話

図面は奥行きを読むべし

　床面の高さを自由に設定するためには、床の根太の端部は土台にじかに載せるのではなく、根太掛で支えることになるわけだが、その1つ下の層の大引についても、同様の配慮が必要である。土台より高い場合や低い場合には、大引の端部も根太掛に相当する受材が必要であり、大引受、土台に欠込み、束、控え基礎などの方法がある（図-3）。ただし、この部分の納まりはディテール集にはあまり掲載されていない。

　図面は2次元平面の情報だが、実物は3次元の立体である。図面を見る場合は、その図面には表わされていない「図面の奥行き方向」のことも理解しておく必要がある。

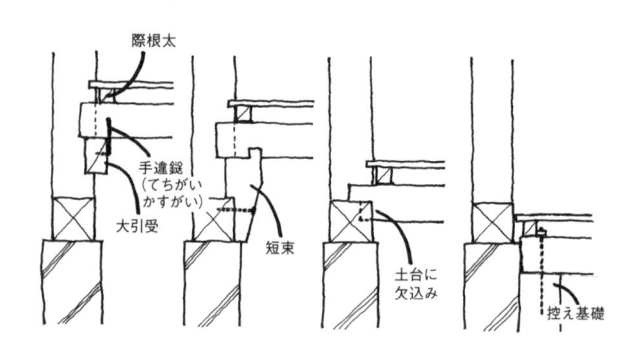

図-3：大引端部の納まり

12 付かず離れずされど丈夫に
木製天井の吊り方

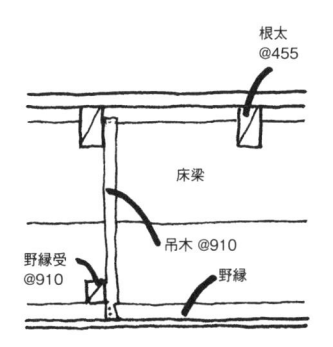

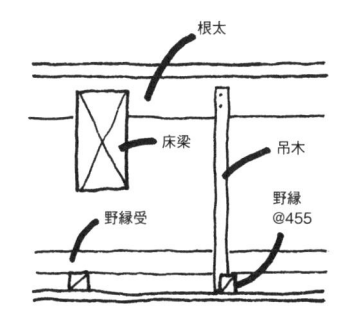

（左図）
- 根太 @455
- 床梁
- 吊木 @910
- 野縁受 @910
- 野縁

（右図）
- 根太
- 床梁
- 吊木
- 野縁受
- 野縁 @455

問題
図に示す木製吊り天井のディテールで、通常の条件で考えられる問題点を指摘し、改善案を示せ。

- 軒先・天井
- 吊り天井
- 安全快適性
- 間違い探し

解答

天井の下地を吊る際に、上階床の根太にじかに吊木を取り付けると、床の撓み・きしみや足音をまともに天井に伝えてしまう。したがって、床面とは縁を切っておく必要がある。床梁間に吊木受という梁材を架け渡し、そこから吊木を吊るのが正解（図-1）。

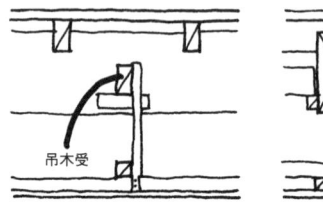

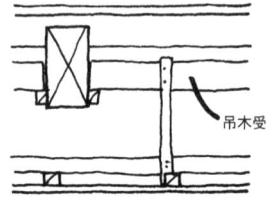

図-1：吊木受から吊る

解説

じかに吊る場合

2階床組には根太床が使われることが多く、床梁は1間間隔に入るため、吊木（半間間隔）を吊るためには吊木受けが必要である。しかし組床構造や近年の根太省略構法で半間間隔に小梁が入る場合は、そこからじかに天井を吊ることも可能である。床梁は根太とは違って材が太く、撓み・きしみが少ないので、じかに吊木を取り付けても支障はない（図-2）。

防振ゴムを組み込んだ吊木で根太からじかに吊るという方法もあり、プレファブ住宅やツーバイフォーメーカーの住宅で使われているほか、在来構法用の防振吊木も市販されている。

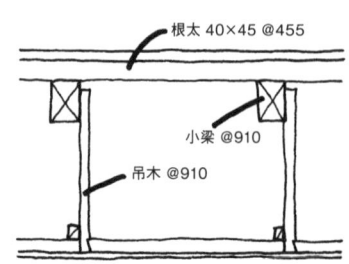

図-2：梁から吊る

吊木受の寸法

　吊木受には、ほとんどのディテール資料に末口75mm程度の丸太を使うと書いてあるが、現実にはスパンに応じた断面の正角材や二つ割材・三つ割材が使われている。2×4構法では床根太材（210、212など）の下面にボードを張る構法が普通であったが、高規格住宅など遮音性を重視する場合には、吊木受（206、208など）を使った天井が採用されている（**図－3**）。なお、詳細図が掲載された書物や雑誌を実際に見てみると、天井の吊木まで描かれたものは案外少ない。

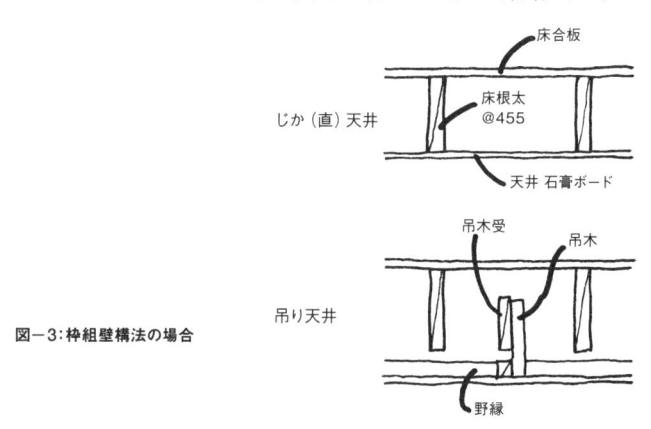

図－3：枠組壁構法の場合

上階から縁を切る理由

　小屋組から天井を吊る場合は上階の足音に対する防音が問題になるわけではないが、同様に小屋梁に吊木受を架け渡し、そこから吊木を吊る。母屋の間隔は吊木と同じ半間だから母屋から吊ってもよさそうだが、吊木が長くなるだけでなく、母屋の撓みが天井に伝わってしまう。

　また、完全に水平な天井では部屋の中央部の天井が垂れ下がったように見える視覚現象の対策として、天井にわずかなむくりを付けることがある。このような場合、天井構面を構造体から独立させておくほうが調整が容易である。

　このように、吊木受を用いる理由には、上階の振動や撓みを下階天井に伝えないことのほかに、他部位から縁を切っておくことで天井高の微調整を可能にするという意味もある。

まつわる話

木製吊木の断面形状

　木製吊木（「木」が重複する妙な用語についてはNo.22「断面続くよどこまでも」参照）の場合、板ではなく角材を使うのが一般的である。前述の防振吊木（**図-4**）でも、クッション材の上の部分には板材を使っても、下には角材を使う。そこで補習問題。

「吊木にはなぜ板材ではなく角材を使うか？」

　解答：板材を使うと、吊木受と野縁（野縁受）の方向が平行でなければ釘打ちができない。角材であれば直交する場合でも取付けが可能、というわけ。

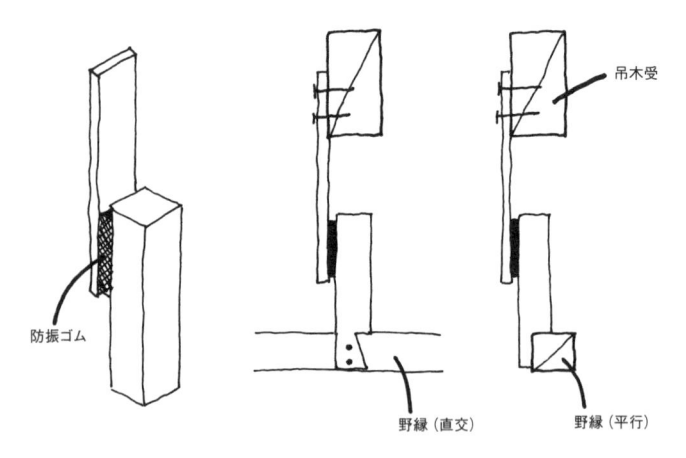

図-4：防振吊木の断面

13 硬い奴でも態度を変える

テラゾー床の目地

A   B

問題

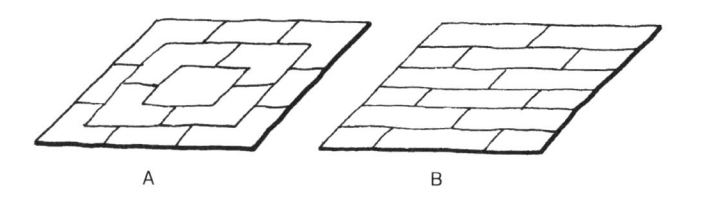

現場塗りテラゾー床の目地の入れ方は、通常の条件ではどちらが正しいか。またその理由を述べよ。

- 床・基礎
- テラゾー
- 誤差変位吸収
- 正解探し

解答

　現場塗りテラゾーは、適当な間隔で真鍮目地棒を入れて、タネ石を混ぜたカラーモルタルを塗り、固化後に目地ごと砥石で表面を研磨する。こうした現場塗り・現場打設の材料では、乾燥収縮が不可避である。問題の場合、「A」のような形状では、不均一に収縮変形した際に入隅側に引張力が生じて、亀裂が発生するおそれがある。したがって、入隅のない「B」のほうが無難。

　なお、目地棒には単純な直線を四角く並べただけのものが多いが、ちょっと前の時代のオフィスビルなどでは、間隔・太さや形状に変化をつけた飾り目地が見られる。

解説

乾燥収縮対策

　現場打設・現場塗りの、コンクリートやモルタル等の左官材料では、あらかじめ乾燥収縮を考慮しておく必要がある。上記のように、入隅部分では乾燥収縮が拘束されて引張応力が生じ、亀裂が生ずる場合がある。

　現場打ちコンクリート躯体の開口部では入隅は不可避なので、開口部周囲には45°に補強筋を入れるのが原則である（**図-1**）。

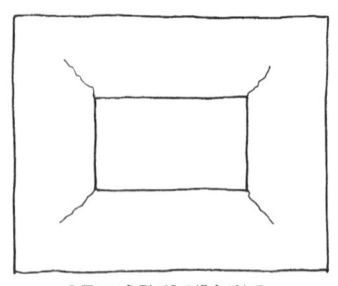

入隅には亀裂が入る場合がある。　　　開口部の隅角部には補強筋を入れる。

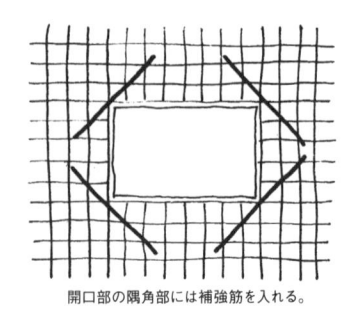

図-1：開口部周囲の亀裂と対策

その他の変形対策

　乾燥収縮のほか、熱による変形、不同沈下、地震動などに対しても同様の配慮が必要であり、類似のディテールが見られる。

　これらの挙動の対策としては、引張応力が生じない形状（入隅のできる形状を避ける、引張応力が発生しないようにあらかじめ縁を切っておく）や、引張応力がかかる部分の補強（補強筋、引張力より強い力で締めつける）、収縮しない構法（無収縮材料、乾式構法）などがある。

　熱による変形は、一般には気温変動や日射による温度上昇によるものだが、特殊な例として冷凍倉庫がある。いったん施工した躯体を、十分に冷却して熱収縮した状態にしてから、接合部を施工する。これは、以後永久に冷凍機を動かし続けることを意味する。

屋上の伸縮目地

　屋上の防水押えコンクリートには伸縮目地を入れておくが、これは乾燥収縮の対策ではなく、熱膨張によるパラペットの押出しを避けるためである。屋上は日射で高温になり、冬季の晴れた明け方には放射冷却で気温よりずっと低温になるから、年間の温度差は100℃近いものになる。伸縮目地が適切に設けられていない場合、膨張・収縮自体は元に戻るが、収縮時にできた亀裂や隙間は砂粒等で埋まっていくので、一方的な膨張となって、パラペットが押し出されることになる。

まつわる話

カヤツリグサ

屋上の防水押えコンクリートの伸縮目地には雑草が生えることがあって、こんな場所によく生えているものだとその生命力に驚くが、放置すると根の生長で防水層を傷める。**写真-1**は解体直前の新丸ビル屋上に生えていたカヤツリグサ。

新丸ビルは、丸ビルとは違ってほとんど注目を浴びることなく解体されてしまった印象だが、あの時代をリードしたと言ってよい、なかなかよくつくり込まれたビルであった。

写真-1:屋上目地に生えた雑草

カヤツリグサは茎の断面が三角形で、うまく割くと四角い枠状になる、という遊びがある。蚊帳を吊った形状に擬えた名称だが、今どきの人には「蚊帳」のイメージが無いか。

図-2:カヤツリグサ

14 がたがた言わせない
三角形の溝蓋

問題
溝蓋のグレーチングやマンホールの蓋には三角形に分割されたものがあるが、そういう形にする理由は何か。

- 設備・排水
- 溝蓋・グレーチング
- 安全快適性
- 構法の理由

解答

剛体は、(直線上にない) 3点の位置を決めれば、空間内の位置が完全に決まる。現場施工に誤差は不可避であり、四辺形の枠が完全に平面になるように精度よく施工される保障はないから、4箇所の支持点が同一面内に揃わずガタつく可能性がある。高さ調節装置などの複雑なものは、道路には向かない。三角形で3点支持の状態にしておけば、ガタつく恐れはない。

解説

誤差の吸収

およそすべての部材に共通することだが、完全に正確な位置・形状・寸法に製作したり取り付けたりすることは、困難である。工業製品であるパネルや椅子などの家具は、ある程度の精度で作ることも可能とはいえ、誤差ゼロを目指すのは非現実的である。まして現場施工の床面には、完全な水平面を要求するのは不可能であろう。

椅子等の脚つき家具の脚は通常4本だが、家具の剛性が高く床面も硬い場合は、原理的に「ガタ」は不可避である。その対策として脚にアジャスターを付ける方法が一般的だが、かがんでねじを調整するのは容易な作業ではない。また、よほど丈夫に作っておかないと、引き摺った際の衝撃でねじが曲がるなど、用をなさなくなり、厚紙や割り箸の出番になるというわけである。

3点支持

問題の溝蓋や、カメラの三脚と同様の原理で、家具の脚を3本にするという方法がある。イギリスの民家園で、3本脚の家具を見たことがある。中世のイギリスの民家では室内床も地面と大差がなく、平面精度が期待できないところから生まれた工夫であろう (図-1)。

図-1:3本脚の家具
イギリス民家園で見た3本脚のテーブルとスツール。当時の民家の床は地面同然だから、4本脚では安定しない。ただし同じ部屋に4本脚の椅子も置いてあった。

　3本脚の椅子は現代の製品にも時々見られる。ライトの設計になる3本脚の椅子は行儀良く座っていないとひっくり返る、というのは、ジョンソンワックス社を見学に行くと決まって聞かされるエピソード。

　初期の簡易型フリーアクセスフロア（現在のOAフロアに類する製品）には、三角形のパネルを並べるタイプがあった。本格的なフリーアクセスフロアでは支持脚に高さ調整ねじが付いているが、簡易なOAフロアでは脚はパネルと一体化して調節機能を省くことが多く、プラスチックタイル仕上げの既存床に置くという用途も多かった。三角形であれば、支持脚長さ調整をしなくてもガタが回避できる。正方形パネルが対角線の位置で曲がるものや、直角三角形パネルが主流だったが、中には正三角形の製品もあった（**図-2**）。

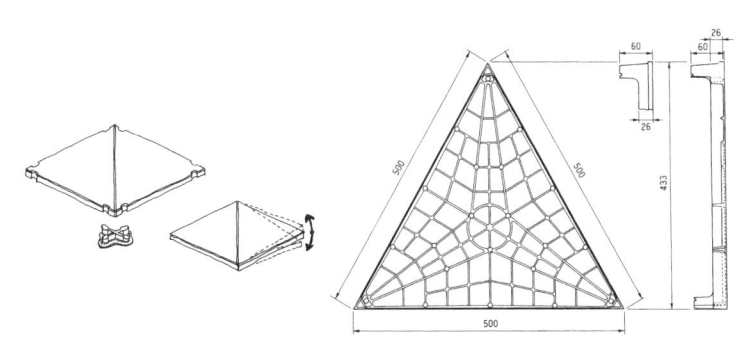

図-2:三角形のOAフロア
不陸調整用に対角線で曲がる製品（アーレスティー／OA用モバフロアシリーズ等、各種）があったが、中には正三角形の製品（古河鋳造／TP520）もあった。いずれも既存床に置くタイプの簡易フリーアクセスフロアで、「OAフロア」という呼び名が一般化する前の製品。

まつわる話

マンホールの蓋はなぜ丸い

　巷間で言い古されたクイズだが、「丸ければ落ちない」が正解。円形の蓋は、どの方向で計っても最大寸法を穴より大きくすることができるから、面内・面外を問わずどの方向へ向けても穴に落下することはない。四角い蓋は対角線長さが1辺より長いから、斜めにしたら落下してしまうが、これは穴の向こうに穴より大きい物を嵌める際に応用できる原理でもある（No.18「孔より大きい物を通す」参照）。なおマンホールの四角い蓋には、ヒンジが付いているのが普通である。

　無論、丸ければ運搬の際に転がせるという利点もあるであろうが、マンホールの開閉の際には、少し持ち上げて水平にずらすのが自然である。

　余談だが、マンホール補修工事にともなって周囲のアスファルト舗装を仕上げるためには、専用の円錐形のローラーがある(**図－3**)。ただし、マンホール周囲の舗装は、最近ではアスファルトの質の改善で対応しているようで、こんなローラーをほかで見かけたことはない。

図－3：円錐形ローラー
マンホール周囲のアスファルト仕上げ転圧用のローラーは、自宅近くの水道管埋設工事で見かけたことがあるが、写真を撮りそびれたので形は正確ではない。

III

材料と施工

| 15 | 立ち上がれ鉄板
鋼板瓦棒葺き
| 16 | 重力軽んずべからず
波板葺きのボルト
| 17 | 支えてくれる相手がほしい
面材の釘打ち下地
| 18 | 孔より大きい物を通す
アルミサッシのガラスの嵌め方
| 19 | 筋を通せば道理も通る
通し柱を入れる意味
| 20 | 見方によって呼び名も変わる
玉石基礎と玉石地業
| 21 | 生い立ちを読みとる
鉄骨の断面形状
| 22 | 断面続くよどこまでも
鉄骨の仕口部分

15 立ち上がれ鉄板

鋼板瓦棒葺き

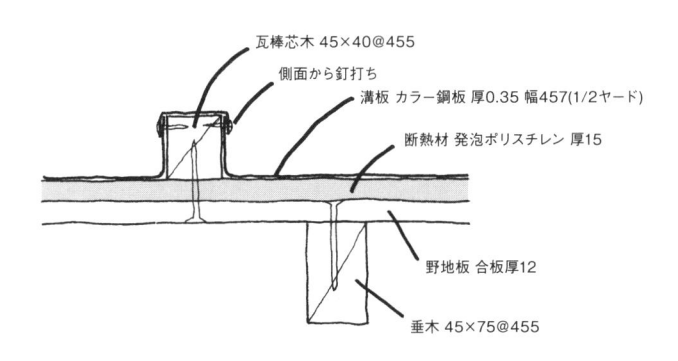

瓦棒芯木 45×40@455
側面から釘打ち
溝板 カラー鋼板 厚0.35 幅457(1/2ヤード)
断熱材 発泡ポリスチレン 厚15
野地板 合板厚12
垂木 45×75@455

図に示すカラー鋼板、芯木あり瓦棒葺きのディテールについて、通常の条件で考えられる問題点を指摘し、改善案を示せ。

- 屋根・葺き材
- 鋼板瓦棒葺き
- 雨仕舞
- 間違い探し

解答

昨今は、鋼板葺きは工場生産製品が多くなり、在来構法の鋼板（カラー鉄板）瓦棒葺きは減っているようだが、図のような木製芯木を使った在来構法の瓦棒葺きは、鋼板屋根のディテールの基本なので、あえて採り上げる。

間違い箇所としては、①瓦棒と垂木の位置が合っていない、②この鋼板の寸法では瓦棒の間隔が広すぎる、③瓦棒まわりの鋼板の納まりがおかしい、④断熱材の入れ方が不適切、⑤防水層がない、等が挙げられる（図-1）。

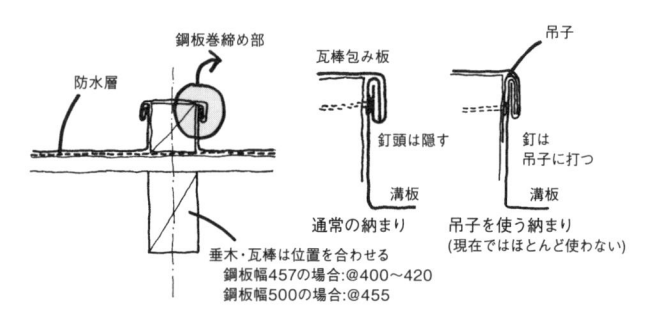

図-1：正しい納まり

（左図）防水層／鋼板巻締め部／垂木・瓦棒は位置を合わせる　鋼板幅457の場合：@400～420　鋼板幅500の場合：@455

（中図）瓦棒包み板／釘頭は隠す／溝板　通常の納まり

（右図）吊子／釘は吊子に打つ／溝板　吊子を使う納まり（現在ではほとんど使わない）

解説

瓦棒と垂木

瓦棒の芯木と垂木の位置を揃えておかないと、瓦棒を固定する釘が効かず、風圧による引抜きに耐えられない。第一、図のような下からの釘打ちは施工不可能である。葺き材を固定する釘の場合も同様で、主要な釘は垂木に打つのが原則だが、現実には垂木と位置が合わない場合にも、野地板を厚くしたり、特殊なスクリュー釘を使うなどの方法で対応している。

瓦棒の間隔

瓦棒葺きの面部分の鋼板（溝板）は、瓦棒の位置で立ち上げて、瓦棒上端でキャップ（瓦棒包み板）と共に巻き締めるので、そのための寸法を見込んでおく必要がある。在来構法の主体構造の寸法体系では、垂木間隔（＝瓦棒間隔）は455

㎜とするのが普通であるが、通常使われる鋼板の幅は914㎜（1ヤード＝3フィート）なので、これを2分割して使う場合は板幅が不足するから、垂木間隔は400〜420㎜程度とする必要がある。瓦棒間隔が455㎜（1尺5寸）の場合は、メーター幅鋼板を2分割して使わねばならない。

鋼板の固定部分

しかしこれは理想論であって、現実には大工が慣習で垂木間隔1尺5寸で施工し、この上に1/2ヤード幅の鋼板で屋根を葺く場合が多い。板幅の不足に対しては、立上がり寸法を少なくしたり、巻締め部分を簡略化したりするディテールが見られる（図－2）。瓦棒葺きの屋根面の勾配は通常1〜2寸程度であるが、立上がり寸法があるからこのような緩勾配が可能なのである。積雪時などを考えると、立上がりが少ないディテールは推奨できない。また吊子は現代ではほとんど使われず、溝板を側面から釘打ちするのが普通だが、この場合も「金属板仕上げでは釘は露出させない」という原則は守る必要がある。

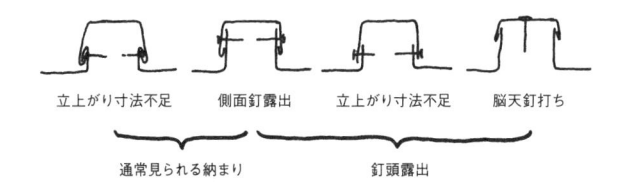

　　　立上がり寸法不足　側面釘露出　立上がり寸法不足　脳天釘打ち
　　　　　　通常見られる納まり　　　　　　釘頭露出

図－2：推奨できない納まり

屋根面の断熱

金属板葺きでは日射による受熱や雨音が問題になる。しかし発泡プラスチック系の断熱材を鋼板直下に入れたのでは、日射の熱で融けてなくなってしまう。この位置に入れる場合は硬質グラスウールなど耐熱性の材料を使うか、位置を野地板の下面とするなどの注意が必要である。ただし本格的な断熱性に対応するにはこれではまったく性能不足であり、天井面断熱・小屋裏通気が原則である。天井懐のない傾斜天井とする場合も、垂木や母屋のレベルに十分な厚さの断熱材を入れる必要がある。

まつわる話

尺貫法とヤード・ポンド法

　メートル法に移行してから半世紀経った現在も、建材の寸法には尺貫法が根強く残っている。各種木材、合板・ボード類、床用プラスチックタイル等、多くの部材が尺・寸の倍数である。このことについては、No.17「支えてくれる相手がほしい」でも述べる。ヤード・ポンド法もアメリカでは現役だが、わが国でもいまだにテレビ・自転車・鍋等々、インチ寸法が残っている例がある。建材の寸法では、石膏ボードの厚さの規格に9.5mmと12.5mmがあるが、これはもともと9mmと12mmだったものをアメリカに同調して3/8インチと1/2インチに変えた特殊例。輸入フローリングの19mm厚は3/4インチである。

　余談だが、わが国の鉄道レールのゲージ(軌間)には、762mm (軽便鉄道)、1,067mm (狭軌：JRなどわが国では一般的)、1,372mm (京王線とそれに乗り入れる都営地下鉄、都電、東急世田谷線)、1,435mm (標準軌：新幹線・私鉄、ヨーロッパではほとんど) があるが、それぞれ2フィート6インチ、3フィート6インチ、4フィート6インチ、4フィート8インチ半である。ちなみにポンペイ遺跡で石畳に残る轍の幅を計ってみたら、約1.37mだったが、「馬車軌道」の名残と言われる4フィート6インチとは、偶然の一致だろうか (**写真-1**)。

写真-1：ポンペイの石畳
ポンペイの石畳に刻まれた轍の間隔を計ってみたら、概略1.37m程度。「馬車軌道」の4フィート6インチとの一致は偶然か。

16 重力軽んずべからず

波板葺きのボルト

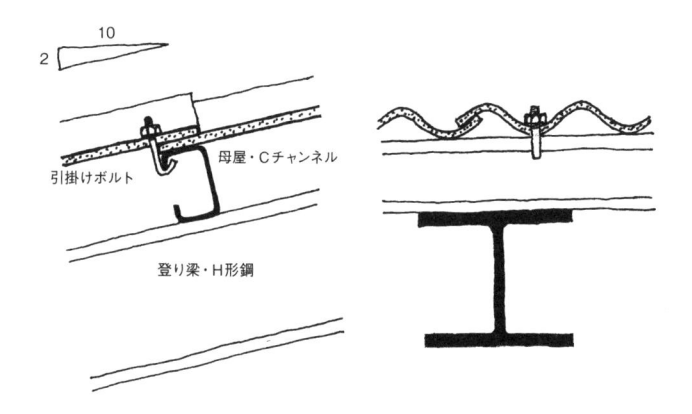

引掛けボルト　母屋・Cチャンネル

登り梁・H形鋼

問題

図に示す繊維強化セメント波板葺きのディテールについて、通常の条件で考えられる問題点を指摘し、改善案を示せ。ただし間違いは複数箇所ある。

- 屋根・葺き材
- 波板葺き
- 誤差変位吸収
- 間違い探し

! 解答

間違い箇所が多数あるので、項目のみ列挙する**(図-1)**。
- 勾配(3寸) ・重ねの向き(逆) ・重ね代(両方向とも不足)
- ボルトを母屋に引掛ける方向(逆) ・ボルトの位置(谷→山)
- ワッシャとクッション材(必要) ・母屋と梁の位置(「逃げ」を取る)

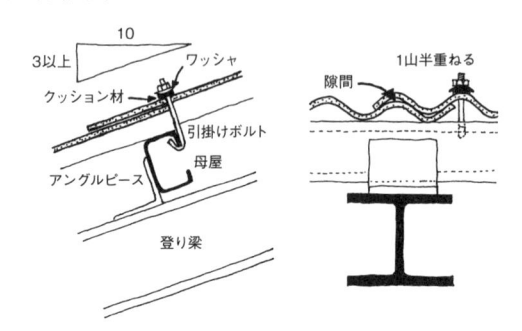

図-1:正しい納まり

解説

勾配　波板葺きの勾配は、通常は3寸勾配以上だが、重ね部分にシールを併用することで、1.5～3寸勾配の範囲も可能とされている。

重ねの向き　ごく初歩的な項目だが、波板を重ねる向きが逆。波板の重ね方は、言うまでもなく、表面を流れた水が一段下の波板の上へ流れ落ちるように、雨水を流す方向に羽重ねとするのが原則である。

重ね代と毛細管現象　重ね代は、流れ方向で150mm程度、水平方向で1山半とする。同じ寸法・形状の波板を重ねると、波の内側と外側の曲率の差から必然的に隙間があく(書物によっては2枚の波板が隙間なく重なった図があるが、そうはならない)ので、毛細管現象が防止できる。毛細管現象や風圧力で雨水が1山目を越えた場合にも、2山目を越える力はもうない。

引掛けボルトの方向　S造の場合、波板の取付けには引掛けボルトを使うが、ボルトは母屋の上側から掛けないと、波板が自重で滑ってずれてしまう。いろいろな形状の母屋に対応して、それぞれに合うボルトがある**(図-2)**が、いずれも上から掛けるのが原則。

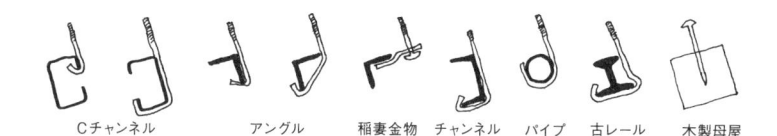

Cチャンネル　　アングル　　稲妻金物＋ビス　　チャンネル　　パイプ　　古レール　　木製母屋

図−2：各種の波板用ボルト

　ただし、波板の長さ方向には3本以上のボルトがあり、そのうち1本でも上から掛かっていればよいから、棟まわりなど施工困難な箇所では、逆に下から掛けてある場合がある。そこの部分だけを見ると間違いのもと（**写真−1**）。

写真−1：最上部の引掛けボルト
最上部はスペースの関係で向きが逆だが、ここだけを見たのでは原則に反しているように見える。原理的には、何段かある母屋のどれかに上から掛けてあればよい（JR飯田橋駅・上屋）。

ボルトの位置　ボルト用の孔は、波板の山の部分にあけないと、水没して漏水するおそれがある（**図−1参照**）。

ワッシャ・クッション材　ボルトにはワッシャを使い、防水用のクッション材を挟んで締めつける。脆い材料を多数箇所で取り付ける場合、遊びがないと、1箇所だけに荷重が集中して順に破壊が進む現象（ジッパー効果、各個撃破）が起こる。クッション材を噛ませることで、荷重分散の効果がある。ワッシャで接触面積を大きくして応力集中を避けることも、集中荷重に弱い材の接合では常識である。

母屋の取付け方　問題の図では、合掌の鉄骨に母屋のCチャンネルが直付けになっているが、正しくはアングルピースを介して、母屋を躯体から浮かせて取り付ける。躯体の組立て誤差を逃げ、母屋の精度を確保するためであり、これはNo.10「面と面とを取り持って」で述べたのと同じ原則である。

まつわる話

「スレート」という名称

　本来の意味は粘板岩や頁岩のことであり、薄く割れやすいから板状の建材になる。主用途は屋根材だが、床や壁にも使われ、建材以外では硯にも使われる。しかし現在では、繊維強化セメント板の名称としてのほうが一般的。もともとはスレートの代用品として、平板を羽重ねにした葺き方の製品が使われた際に、大平板の名称としてこの呼称が使われたのだが、石綿セメント波板が開発されると、さらにそれの名前にまでなってしまい、もはや元のスレートとは似ても似つかぬ形になってしまった。そのため、本物の石材であるスレートを、わざわざ「天然スレート」と呼ぶという逆転現象になっている。

17 支えてくれる相手がほしい

面材の釘打ち下地

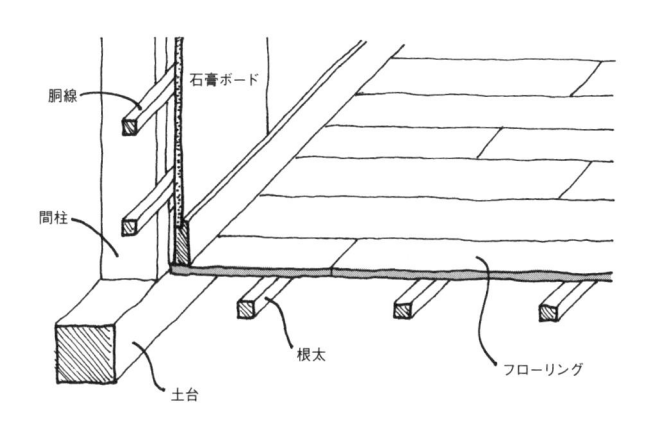

（図：胴縁、石膏ボード、間柱、土台、根太、フローリング）

問題

図は、木造住宅の石膏ボード張りの壁とフローリング床（いずれも釘打ち）の下地の入れ方である。通常の条件で考えられる問題点を指摘し、改善案を示せ。

- 床・基礎
- 板張り床
- 構法の成立
- 間違い探し

! 解答

　板張り床では、床板は釘を打って根太に固定するから、端部と継手部分には必ず釘打ちの受け材として根太が必要である。壁も同様に石膏ボードの縦横の目地の位置に下地が必要で、水平の目地には胴縁、鉛直の目地には間柱か縦胴縁が必要である。

　問題の図では、床については根太のない位置に板の継手があって釘打ちする相手がないが、継手は釘受け材である。根太の真上にくるのが正解。また、床の端部に際根太がないのも間違いで、これでは板の端がぶらぶらである。

　壁も同様で、胴縁は間柱から浮いているので、縦目地では釘が打てない。ボードの高さ（床から1,820mm）に水平に継ぎ目が入るので、その位置と、ボード下端にも、胴縁が必要である（図-1）。

胴縁は
間柱と面一
@455または
@364

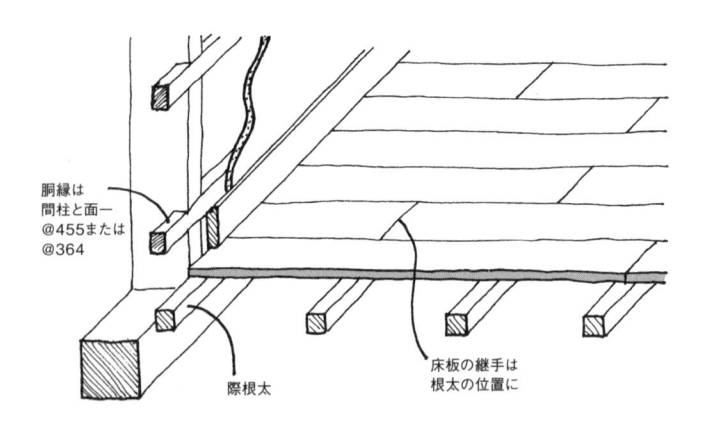

際根太

床板の継手は
根太の位置に

図-1：正しい下地の位置

解説

根太の間隔

　胴縁・間柱・根太・野縁など、床・壁・天井の線状下地材は、板やボードの寸法の整数分の一の間隔で入れる必要がある。通常使われる「さぶろく」合板や石

膏ボード等の寸法は910×1,820㎜（3×6尺）だから、根太・胴縁・野縁などの線状下地の間隔は、通常は303㎜（1尺、つまり6尺の1/6）、364㎜（1尺2寸、6尺の1/5）、455㎜（1尺5寸、6尺の1/4）のいずれかになる。

2×4構法の床では、根太の直交方向に、転び止めと合板受け材を合板の寸法に合った間隔で入れておく。「さぶろく（3×6尺）」合板を使う場合は下地を910㎜間隔として、合板を千鳥状に張る（**図−2**）。

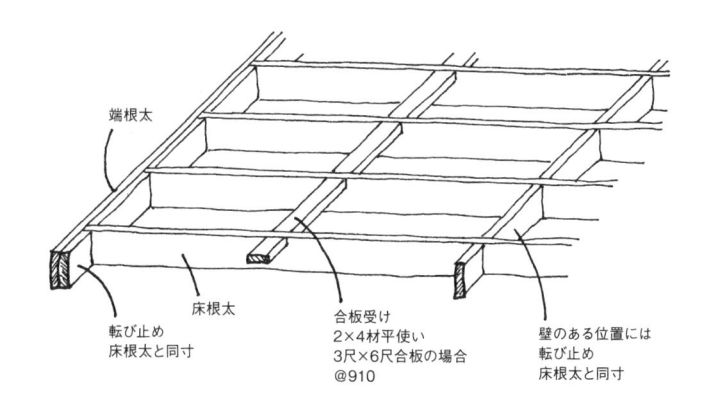

図中ラベル：端根太／床根太／転び止め 床根太と同寸／合板受け 2×4材平使い 3尺×6尺合板の場合 @910／壁のある位置には転び止め 床根太と同寸

図−2：枠組壁構法の床下地

壁の下地

　壁に石膏ボードを張る場合も、縦横に455㎜間隔の下地が必要である。胴縁を455㎜間隔として間柱と面一（つらいち）に入れておけば、ボードの継ぎ目にはすべて受け材がくる。胴縁を間柱から浮かせる場合やRCの場合は、縦胴縁を入れる必要がある（No.06「違ったほうを向いてこそ」参照）。

まつわる話

建材の寸法体系

　このように、わが国で使われている建材の大部分は、いまだに尺貫法の寸法で生産されているものが多い。メートル法が施行されて久しいが、単に換算しただけで実態は尺貫法のままというケースは、はなはだ多い。合板・ボード類は3尺×6尺や1尺×6尺、床用プラスチックタイルは1尺×1尺等々である。厚みについても同様に3mm（1分）の倍数が多い。ただし石膏ボード（9.5mm、12.5mm）、繊維強化セメント波板（6.3mm）、輸入床板（19mm）など、アメリカの影響でインチの分数のものもある。石膏ボードは、比較的近年（1994年）にアメリカの規格に合わせた寸法に変わった。

　飲酒運転で捕まった運転手が「清酒720ミリリットルを飲み」と報道されるが、これはむろん「4合」という意味で、これではメートル法換算であって真のメートル法にはなっていない。部屋の広さも、洋間でも畳数に換算しないとピンとこないなど、「長年の習慣」はなかなか抜け切れない。

　なお、床タイルや天井のボード枚数を悟られないように数えておけば、部屋の寸法を正確に言い当てることができて、「さすが建築屋さんですね」と感心されること請け合い。

18 孔より大きい物を通す

アルミサッシのガラスの嵌め方

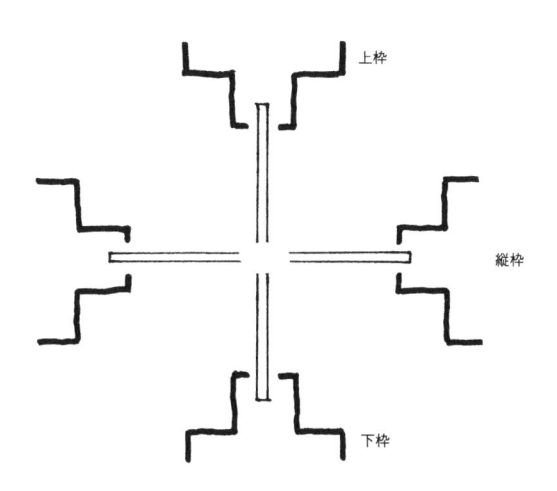

上枠

縦枠

下枠

問題

通常、ガラスは4辺がサッシの框に嵌まっているが、どうやって嵌めればよいか。その方法・手順を説明せよ。

- 窓
- アルミサッシ
- 構法の成立
- 設計問題

! 解答

　ガラスの4辺がサッシに嵌まっている状態では、開口の寸法がガラスより小さくないとガラスが脱落してしまう。すなわち、「孔より大きい物を孔の向こうへ通す」必要がある。当然ながら、そのままでは孔は通過できない。

　サッシの框が分解できる場合は、ガラスの周囲にグレージングチャンネルを嵌め込み、サッシの框を嵌め込んで、框同士をセルフタッピングスクリューで組み立てればよい（図-1）。

　四周が固定されたサッシやドアの場合、1辺の押縁が外せるようにしてあれば（図-2）、図-3のような手順の「やり返し」で嵌めることが可能である。

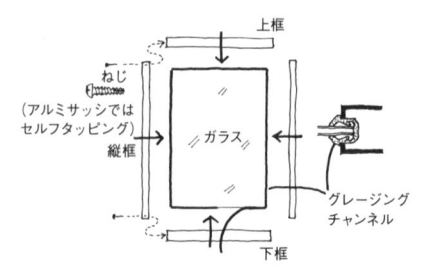

図-1：框を分解する

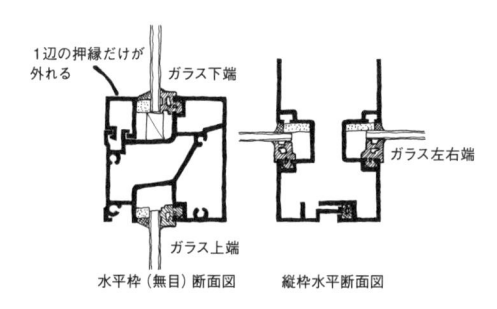

図-2：1辺の押縁を外す

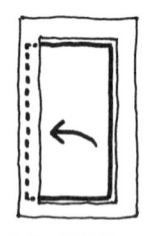

①1辺の押縁を外してガラスの1辺を嵌める
②やり返しで2辺を嵌める
③持ち上げて3辺を嵌める
④押縁を取り付ける

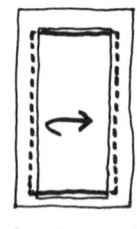

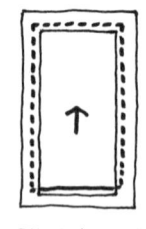

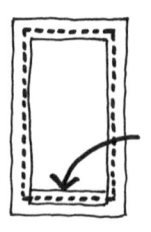

図-3：「やり返し」で嵌める手順

解説

ガラスの嵌め方

金属製サッシにガラスを嵌める方法としては、初期のスチールサッシではパテ留めや押縁留めのディテールが見られる。鋼製ドアや、框が分解できない構法のサッシの場合には、上記のように押縁が外れるようにしておく必要がある。押縁式のスチールサッシの場合は、押縁が4辺とも外せるようになっていた。アルミサッシでも、初期の製品には四周の押縁が外れるものがあった（図－4）。

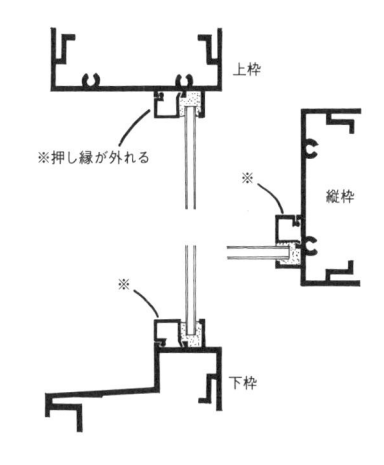

図－4：4辺の押縁が外れる初期のアルミサッシ

なお和風の木製建具（いわゆる「ガラス戸」で「サッシ」とは呼ばなかった）では、框と桟を2分割してその間にガラスを落し込む「割り桟」が使われていた。

サッシの組立て方法

スチールサッシの時代には、原則として注文生産で、ホットロール成形やコールドロール成形（またはプレス成形）の枠や框（サッシバー）を、注文に応じて熔接等で組み立てていた。スチールサッシの最終期には規格寸法サッシが登場しているが、その代表的な製品である三機工業の6Sサッシをノックダウン（現場組立て）方式に替えた6SKサッシのカタログには、ガラスの周囲にグレージングビードを巻き付けてから周囲の框を組み立てる、現在のアルミサッシと同様の方式が示されている。

アルミサッシの枠・框の接合方法は、現在ではタッピングスクリューがほとんどである。初期には、隅金物を用いたねじ留め、ほぞ差しかしめ留め、隅金物かしめ留めなどのほか、同じ断面のサッシバーを45°にカットしてフラッシュバット熔接で一体化する方法もあった。

まつわる話

DPGを初めて見た頃

　ガラスをサッシに嵌める方法を説明したが、近年ではガラスは必ずしも框や枠に「嵌め込まれて」いるとは限らない。枠に接着する方法、ガラスに孔をあけて金物で取り付ける方法、ガラスには孔をあけず金物で挟み込む方法等、よりフラットで透明感のある取付け方法が普及している。

　ロンドンのフィナンシャルタイムズ社の印刷工場が、都心のブラッケンハウスからドックランドへ移転して間もない頃に、見に行く機会があった。ニコラス・グリムショウ設計の新館(1988)は、DPG方式の先駆的な実施例で、外部に露出した骨組から金物で支持されたガラス板同士は、シール材だけで繋がっている。これを見て「シールが切れたら手が入る」などと驚いたものである。

写真-1: 初期のDPG構法 (フィナンシャルタイムズビル／ロンドン／1988)

19 筋を通せば道理も通る

通し柱を入れる意味

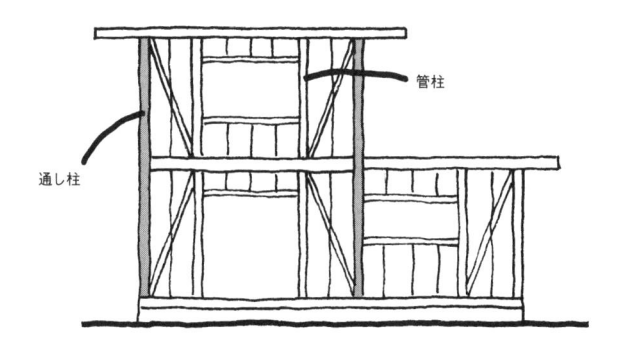

（図：通し柱／管柱）

問題

木造在来構法・2階建てでは、隅柱等の主要な柱を「通し柱」とするが、その役割は何か。

- 木構造
- 通し柱
- 誤差変位吸収
- 構法の理由

解答

隅柱の役割には、1階と2階の構面を一体化するという強度的な面も無論あるが、それに加えて施工段階での「定規」という重要な役割がある。上階の軸組の建方の際に通し柱が手掛かりとなり、また上下階の柱をまっすぐ通すことが容易になる。

解説

強度上の必要性

2階建て（以上）の木造在来構法では、隅柱は（上階の規模や平面形状によっては他の主要な柱も）通し柱とする。隅柱を通し柱とすること、規定上必要な断面積の1/3以上を欠き取る場合は補強すること、通し柱と同等の耐力があれば通し柱でなくてもよいこと等が、建築基準法施行令43条に規定されている。このことからも、通し柱には1階と2階を緊結する働きが期待されていることは明らかだが、軸組の水平耐力は壁が負担する。

通し柱に胴差が当たる部分は、ほぞが貫入・貫通する。この他にも根太掛けや、真壁造の場合は床板や造作材が当たる箇所にも、切欠きが必要となる。このように、通し柱の階中間部分には、実際にはかなり大きな断面欠損ができる(**図−1**)。

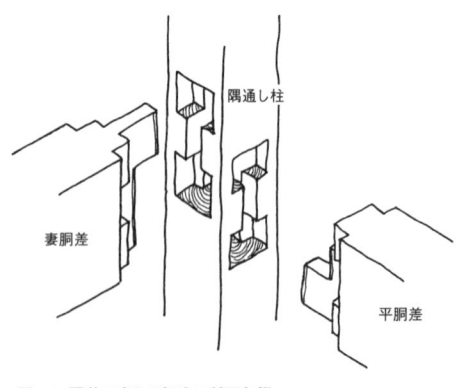

図−1：胴差が当たる部分の断面欠損

通し柱も管柱も同断面の材を使う。また上記の「必要断面の1/3以上の欠取り」は、計算上必要な断面についての規定であり、通常の柱断面が120mmか105mm角であるのに対して、計算上90mm角で十分な場合には、断面積の半分から6割の欠損があっても補強は不要ということになる。このことからも、通し柱に曲げ耐力は期待されていないことがわかる。

施工時の「定規」

　通し柱のもう一つの重要な役割は「定規」である。通し柱があれば、上下階の柱をまっすぐ通す上で有利であり、特に隅柱は鉛直精度を保つ上で重要である。管柱だけで通し柱なしの軸組構法も、強度的な保証があれば可能である（パネル方式のプレファブや枠組壁構法には当然ながら通柱はない）が、上下階の精度の面では不利であろう。鉄筋コンクリート造の型枠は一般には階ごとに組み立てるので、打放しコンクリートの建物の角に立って見上げると、鉛直方向の施工誤差が案外大きいことがわかる。

　また、通し柱は上階の施工時の手掛かりになる。空中に何の手掛かりもなく物を立てるのは難しいが、すでに要所の柱が正しい位置に立っていれば、他の部材はそれを使って組み立てていけばよい。

まつわる話

鉄骨の建方

　同様の工夫は、鉄骨の建方にも応用できそうである。一般に鉄骨造の柱部材は、梁端部が付いたキの字状の2～3階分の長さで製作される。下階から順に2～3階ずつ組み立てていく「節建て」方式の場合に、1節の建方を終えた段階で一部の柱が上に突き出た状態にしておく方式を、以前に超高層の現場で見たことがある。次節の最初の柱を建てる際に手掛かりにするため、とのことであった。地上200mの現場では、建方の際に両側からロープで引張るわけにもいかないから、手掛かりになる物があったほうが有利であろう。ただしデメリットもあり、一般的な手法とは言えないようである。

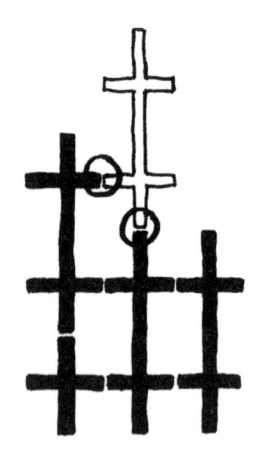

図－2：鉄骨建方の工夫
次の節の最初の鉄骨を建てる際に、接合部が2か所あるほうが安定する、というアイデア。

20 見方によって呼び名も変わる

玉石基礎と玉石地業

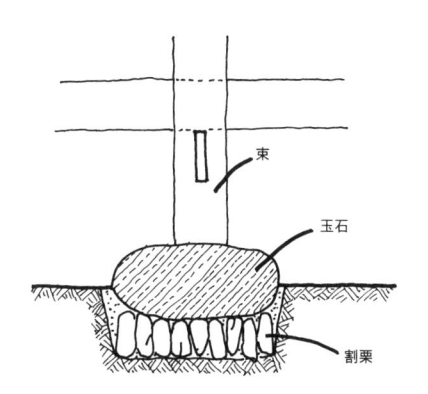

束
玉石
割栗

問題

「基礎」と「地業」の意味を、共通点と相違点を明らかにして説明せよ。また図示した「石場立て」について、上記の用語はどう適用されるか、説明せよ。

- 床・基礎
- 基礎・地業
- 構法の名称
- 構法の名称

> ! 解答

　基礎とは「建物の最下部にあって、建物の荷重を地盤に伝達する部分」であり、地業とは「基礎を支持するためにその下部の地盤を加工したもの（およびそのための作業）」である。すなわち、いずれも建物の荷重を地盤に伝達するという機能としては共通だが、基礎は建物の構造体の一部、地業は地盤の一部である点が異なる。

　さて、問題に図示された「石場立て」の解釈だが、同じ玉石であっても、図-1・Aのように考えれば「玉石地業」、図-1・Bのように捉えれば「玉石基礎」となる。むろん、モノとしては同じである。肩透かしのような解だが、要するに「見方」の問題。

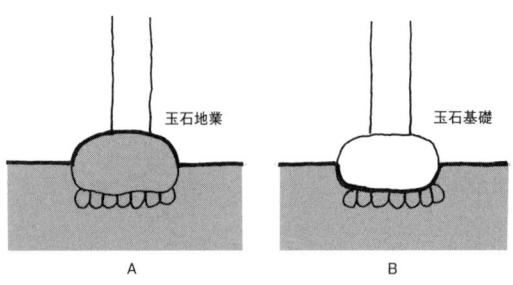

図-1：玉石地業、玉石基礎

> ● 解説

杭地業

　十分な地耐力を持った地盤であれば、表面を平滑に掘削して、その上にじかに基礎を施工すればよい。岩盤や礫層など十分な地耐力が得られる場合や、小規模で軽量な建物の場合には、こうした直接基礎（べた基礎）とすることが可能である。

　しかし地耐力が不足する場合には、建物の荷重を支持するために何らかの対策が必要となる。一般には杭を打つが、建物の荷重を支持できる地層まで到達する「支持杭」と、周囲の地盤との摩擦で建物の荷重を支持する「摩擦杭」がある。仮設住宅等では木杭を打ち込むが、これが摩擦杭の典型例である。

いろいろな地業

 地業には、杭打ちのほかに、線材を水平に敷き並べた「筏（いかだ）地業」、地中に埋め込んだ玉石や捨て土台石の上に柱状の石を立てた「蝋燭（ろうそく）地業」等がある（図−2）。

筏（いかだ）地業

蝋燭（ろうそく）地業

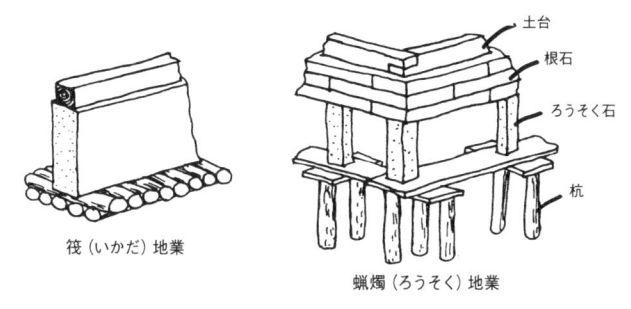

土台
根石
ろうそく石
杭

図−2:各種の地業

 軟弱地盤に住宅を建てる場合、ある程度の深さまで土にセメントや薬液を混ぜて撹拌して固める「地盤改良」が行われる場合があるが、深い基礎に比べて多量の掘削土を捨てる必要がないというメリットもある。発泡プラスチックの固まりを一定厚さに敷き並べたり、建物の地下室部分の浮力を利用して建物を浮かせてしまう方法（フローティング基礎）もある。

 地下水位が高い場合、地下室部分には浮力が働くが、地下に埋まった部分の深さが異なるために不均等な浮上がりが予想される場合は、鉄鉱石などの重しを入れて浮力とバランスさせる場合もある。これは関西新空港で採用されたものだが、この建物は大きな沈下量をあらかじめ見込んだ構造としても有名である。

まつわる話

「基礎」と「土台」、「鍵」と「錠」

「地業」は建築専門用語であって、一般には使われない。しかし「土台」は広く一般的に使われる言葉である。そのため、建築分野で使う意味とは違った意味で使われることがある。津波の被害では「土台だけを残してすっかり流された」という表現を聞くし、欠陥住宅では「土台の下の地盤が沈んで穴になって」などと言われる。これらは建築用語ではいずれも「基礎」と呼ぶべきである。もっとも、津波被害の状況 (**写真−1**) を見ると、コンクリート基礎にアンカーボルトで緊結された土台だけが残っている例がけっこうあったから、あながち間違いではないと言えなくもない。

建築学科の学生で、答案に「基礎」の意味を「要するに土台」などと書く者がいるのには呆れる。建築用語でこうした誤用は他にもあるが、代表的なものは「錠」のことを「鍵」と言う誤り。建築関係者はこういう間違いをしないこと。

写真−1：確かに「土台だけ残っている」が…
東日本大震災の被害（宮城県南三陸町・志津川／
2011　写真提供：濱定史氏）。

21 生い立ちを読みとる

鉄骨の断面形状

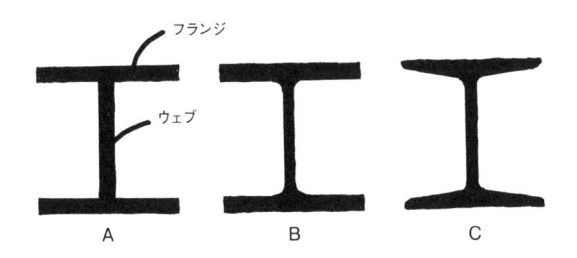

(図: A、B、C の3つのH形鋼断面。Aにはフランジとウェブのラベル付き)

フランジ
ウェブ

A　　　B　　　C

問題

一般的な鉄骨造で梁に使われる「H形鋼」の断面形状としては、図のうちで正しいものはどれか。

- 鉄骨造
- 形鋼
- 構造強度
- 正解探し

解答

通常の鉄骨造ビル建築では、柱には角形鋼管、梁にはH形鋼が使われることが多い。そのH形鋼だが、まずフランジのほうがウェブより厚いこと、また製法上からフランジ部分は厚みが一定となること、さらに製法がホットロール（熱間圧延）なので入隅にR（曲面）が付くことが特徴となる。したがって、正しいのは「B」である。

解説

各部の働きと厚さ

フランジは、梁に曲げ力がかかった際に、主たる応力である圧縮力または引張力を負担する。ウェブは、上下のフランジがずれないように剪断力を負担する。したがって部材断面の丈夫さ（断面2次モーメント）を効率よく得るには、フランジは主断面だから十分な断面積とするが、ウェブは面内力に耐えればよいのでフランジより薄いのが普通。

製法・接合方法

H形鋼の製法は熱間加工（ホットロール）であり、赤熱状態の鋼材を圧延成形して作る。昔の鉄骨部材には、I形鋼、溝形鋼（チャンネル）、山形鋼（アングル）などがあったが、断面もあまり大きなものはできず、ロール成形も単純な手順であったため、I形鋼や溝形鋼（チャンネル）の断面にはテーパーが付いていた。その後、成形方法が改良され、フランジ幅が大きく、断面寸法自体も大きなH形鋼が製造可能となった（**図−1**）。

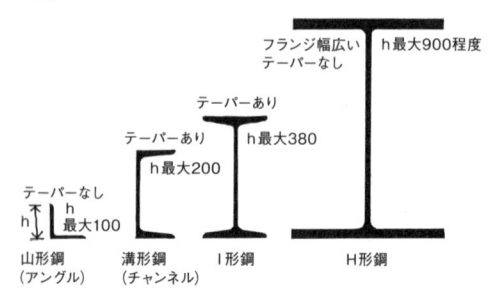

図−1：主な鋼材断面の例

鋼材の接合方法には、以前はリヴェット接合が用いられたが、現在ではハイテンションボルトが一般的である。リヴェットは現場で赤熱する（火を使う）ことと、接合時の騒音の問題がある。またH形鋼の断面にはテーパーがないので、ボルト接合に適している**(図-2)**。

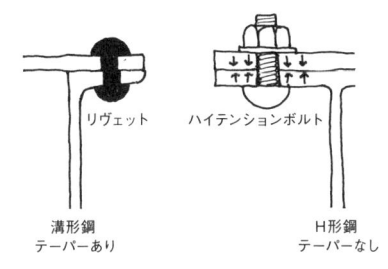

図-2:接合方法

追補問題・軽量形鋼の断面形状

　ではついでに、追補問題。
「軽量形鋼（LGS）の代表的な部材であるCチャンネル（リップ付き溝形鋼）の断面は、どれが正しいか**(図-3)**。」

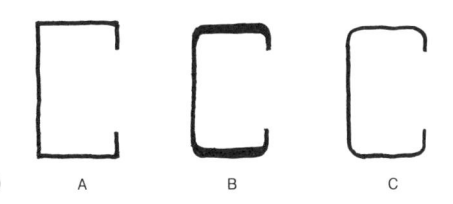

図-3:LGSの断面（追補問題）　A　　　B　　　C

　製法は普通形鋼とは違って冷間加工（コールドフォーム）であり、帯状の鋼板（ストリップ）を数段～10数段のロールで、常温で曲げ加工する。したがって厚みは一定で、厚み自体も薄く（2.3mm、3.2mm等）、また隅角部にはRが付く。つまり正解は「C」である。雑誌・書籍によっては、Cチャンネルの断面を「A」のように描いた誤った図面が掲載されているものがあるから、要注意。

まつわる話

スキーリフト今昔

　昔の鉄骨造は、比較的細い部材を組み立てたラチス材やトラス構造が主流であったが、現在では大断面の単材を用いた構造が主流である。前者は、鋼材の量は少ないが接合箇所が多く組立てに手間がかかるが、人力での組立てが可能。後者はその逆で、鋼材量は多くなり、接合手間はぐっと減るが、運搬・組立てには機械力の使用が前提となる。昔と今を比較すると、鋼材の価格が下がり、労賃は高くなり、組立てに機械力が使える（石油エネルギー消費が前提である）点が変わったというわけ。

　スキー場のリフトも、以前は天然の斜面でスキーに適した場所を探し、人力で鉄骨部材やセメントを担ぎ上げて作ったが、現在ではまず道路を作り、重機で人工的に滑りやすい斜面を造成し、生コンや大きな鉄骨部材を搬入し、レッカー車で建方を行う。作った道路は、シーズン中は初心者コースになる。

22 断面続くよどこまでも

鉄骨の仕口部分

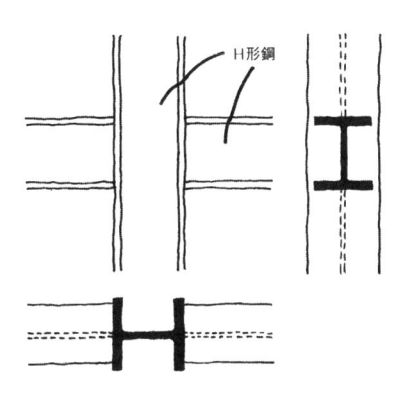

問題

図のようなH形鋼の直交部分において、通常の条件で考えられる問題点を指摘し、改善案を示せ。

- 鉄骨造
- 鉄骨の接合部
- 構造強度
- 間違い探し

解答

H形鋼の断面はウェブとフランジで構成され、主たる引張力・圧縮力にはフランジで耐える仕組みである。接合部においても、このフランジにかかる力がうまく伝わらなければならない。また板状の部材には面外力をかけないのも原則である。図のような構造では、梁のフランジが連続しておらず、柱のフランジには面外方向の力がかかって、構造的に不利となる。図-1のような位置にスチフナを入れて、フランジの断面を連続させる必要がある。

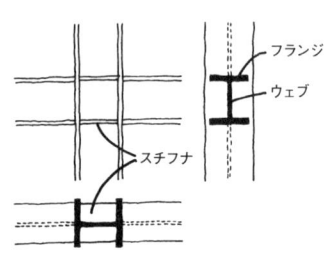

図-1:断面の連続性

解説

柱と梁の仕口

現在の通常の鋼構造では、柱には角形鋼管、梁にはH形鋼が使われることが多い。この場合も、柱・梁の仕口部分で梁のフランジが連続する必要がある。すなわち、鋼管の柱の内部に、梁のH形鋼のフランジの延長の位置に面材（ダイアフラム）が連続している必要がある。角形鋼管の組立て時に内部に仕切り板を入れる方法や、鋼管を切断してダイアフラムを挟んで熔接する方法などがある。

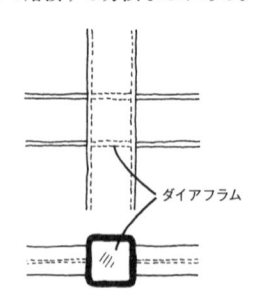

図-2:ダイアフラム

ダイアフラム以外の補強方法

柱の内部にダイアフラムを通さないディテールもあり、柱の外側を水平ハンチで取り囲むようにして面材を連続させる方法（**外ダイアフラム：図−3**）や、仕口部分の肉厚を増す方法（**図−4**）がある。仕口部分だけを厚肉の別部品で作って熔接で組み立てる方法のほか、遠心力鋳造の場合に外側へ肉厚を増す方法や、角形鋼管を高周波加熱しながら軸方向に押し縮めて肉厚を増す方法などがある。

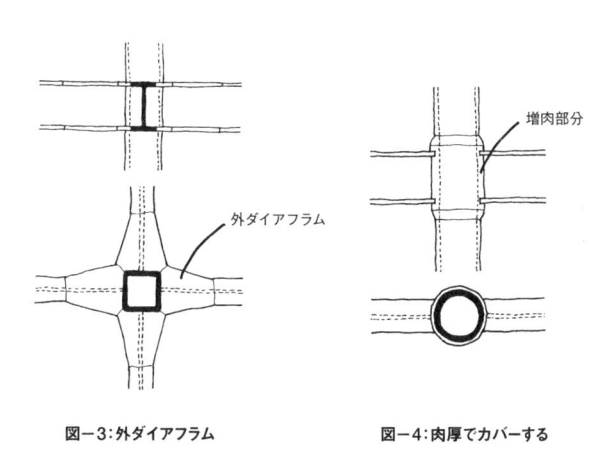

図−3:外ダイアフラム　　　　　図−4:肉厚でカバーする

面外力をかけないのが原則

薄い面材でできた構造物には、仕口部分に限らず、面外力をかけないことが原則である。この原則は、波板や折版構造、ボックスガーダーやH形鋼など、面状材で構成される構造すべてに共通である。やむを得ず面外力がかかってしまう場合は、上記のように十分な肉厚としておく必要がある。

まつわる話

自己矛盾の呼称

　前出の「ダイアフラム」とは、もともと横隔膜や仕切り板など、管・容器・空間などの内部を隔てる仕切りのことであり、「外ダイアフラム」なる名称は、本来の意味とは矛盾する。ダイアフラムなる語の意味を理解せず、ダイアフラムと同様の機能という意味から派生的につけられた誤用と思われる。

　こうした矛盾する名称の例には、部材の使い方が変わっても元のままで呼ばれる例（根がらみ貫）、単に材の寸法だけのことを用途で呼ぶ例（垂木：四つ割材、貫：厚3～4分・幅3～4寸程度の板材、木摺：厚2分程度の細い板材）、材質が変わっても元の材料名で呼ばれる例（金属笠木、塩ビ幅木）、代用材料が元の材料の名で呼ばれる場合（スレート：繊維補強セメント板）など、いろいろなものがある。

　なお、このようなカタカナ名称は、単なる記号としてではなく、元の単語（ほとんどが英語）の意味を理解しておくべきである。そうすれば間違って覚えることもなくなり、類似語の意味も想像がつく。これは外国語の単語学習の場合とまったく同じ根本原則である。

> # IV
> 木の性質と納まり

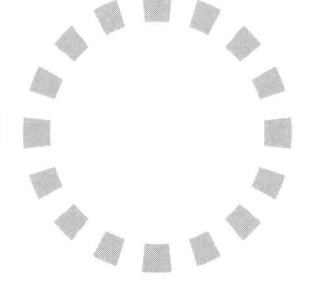

23	どちらが先か考えてみよう
	京呂と折置

24	開いた口は塞がらぬ
	木構造の接合部

25	0分の1は無限大
	垂木と母屋の接合部

26	「拝み」と「擂り鉢」
	木製トラスの斜材の向き

27	表と裏では態度が変わる
	木製建具の裏表

23 どちらが先か考えてみよう

京呂と折置

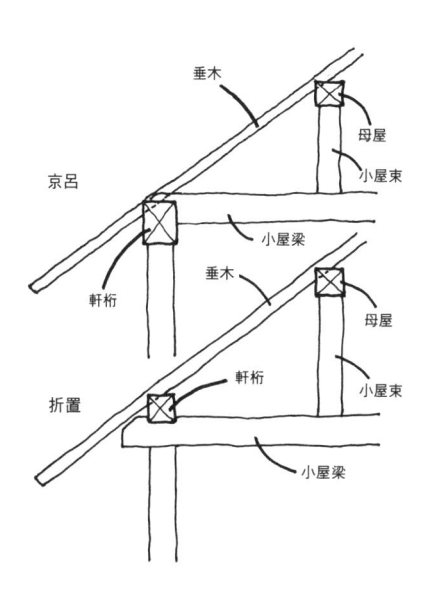

問題

木造軸組構法には、「京呂」と「折置」の2種類のシステムがある。両者の相違点をできるだけ多くの観点から説明せよ。

- 木構造
- 小屋組
- 構法の名称
- 構法の特性

解答

「京呂」は柱の上に軒桁を載せ、その上に小屋梁を架け渡すものであり、現在の一般的な構法である。一方、「折置」は柱の上に小屋梁を架け渡し、その上に軒桁が載る伝統的な構法であり、小屋梁は小屋組の架構（母屋）を一定間隔（通常は1間）で支持するため、1間間隔で架け渡す必要がある。したがって折置では、柱の間隔は必然的に1間になる。それに対して、京呂では柱の間隔は自由だから、広い開口部が可能となる。

両者の主な相違点をまとめれば、①桁と梁の上下関係、②柱間隔すなわち開口部の幅、③現代の構法と伝統的構法、の3点である（図-1）。

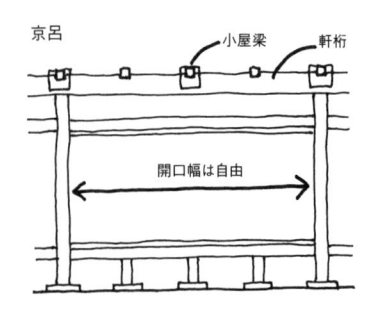

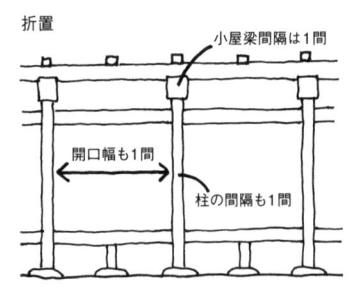

図-1：京呂と折置の相違点

解説

開口寸法の制約

古い民家では折置が主であり、開口部は2枚引違いの板戸（つまり雨戸）の内側に明かり障子が1枚入るのが標準的である。引違い戸は、外さない限り半分しか開かないから、室内は暗い。ただし倉庫など人の生活空間ではない建物であれば、このことは問題にはならない。

折置でも開口幅を大きく取ることは可能であり、軒桁を大断面の材にするか、部分的な補強、あるいは差鴨居から束で小屋梁を支えるといった方法がある（図-2）。

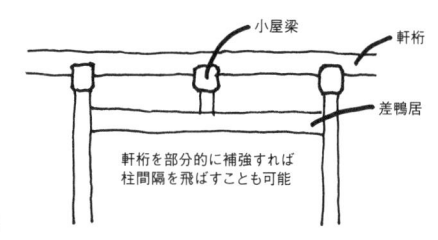

図-2：折置で開口幅を大きく取る方法

接合方法の変化

　京呂と折置の差異には、部材同士の組合せの強度の違いという面もある。伝統的な木構造では、金物には頼らず、木材相互の組合せで強度を確保していたから、京呂よりしっかり組み合う折置のほうが丈夫な（つまり正統な）構法であった。現代では京呂が主流になっているが、羽子板ボルトなどの金物に依存することが前提となっている。ただし京呂であっても、敷桁を用いたり、小屋梁を延ばすことによって、金物に頼らない伝統的な構法も可能である（**図-3**）。

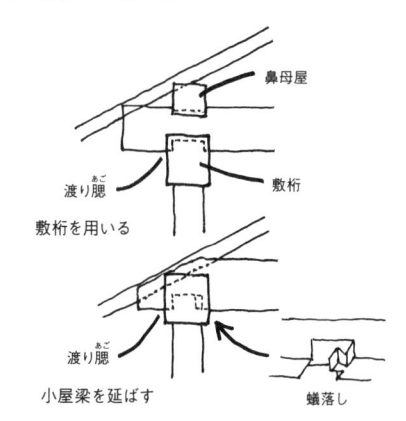

図-3：金物に頼らない伝統的な京呂

せいがい造り

　敷桁を用いた構法で、小屋梁を敷桁より突き出すものがある。軒を大きく張り出す場合や、積雪地で軒に掛かる荷重が大きい場合に用いられる構法で、「せいがい造り」・「せがい造り」などと呼ばれる。同様の原理で2階の床を張り出した構造もある。

まつわる話

「いっけん」という概念

　明治時代に尺貫法をメートル法に換算する際に6尺を1間としたので、現代で1間といえば1,818（または丸めて1,820）㎜という寸法単位である。しかし本来「1間」は柱の間隔（いわばモジュール寸法）を意味する言葉であり、1間の寸法は地方によって異なる上、内法システムと芯々システムがあるなど、さまざまな寸法体系があったわけである。住宅用アルミサッシにも、関東間・中京間・京間のほか地方ごとにいろいろな名前が付いて微妙に寸法の異なる製品が、多種類用意されていた。

　「いっけん」ついでに、戸建て住宅のことを世間（つまり建築専門以外）では「一軒家」と言うことが多い。しかし「一軒家」とは本来、山間や野原にぽつんと一軒だけ建った家のイメージである。建築関係者は正しい建築用語として、「一戸建て」または「戸建て」と言おう（ただし広辞苑には、第2義として「長屋ではない独立の家屋」が挙げてあるが、本来の意味というよりは、現状追認と思われる）。

24 開いた口は塞がらぬ

木構造の接合部

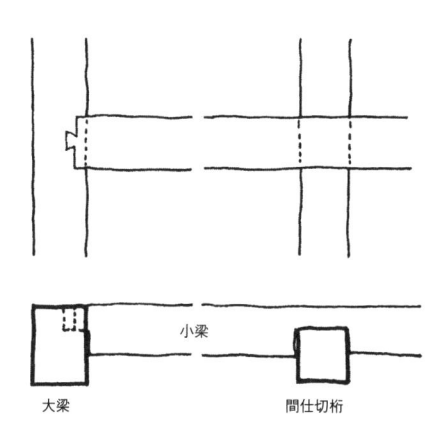

小梁　　　　大梁　　　　間仕切桁

問題

図に示す木造在来構法の梁の仕口部分で、通常の条件で考えられる問題点を指摘し、改善案を示せ。

- 木構造
- 木材の接合部
- 構造強度
- 間違い探し

解答

木材とは、繊維を束ねて固めたような材料なので、繊維方向に引張った場合は丈夫だが、繊維に直交方向に引張ると割れやすいという性質がある。したがって、梁を支持する部分では、梁の全断面を支持する必要がある。問題の図では、梁に荷重がかかると腰掛けになった部分から割れるおそれがある（図-1）。したがって、梁の全断面が支持できるよう、端部は「大入れ」、中間部は「渡り腮（あご）」にすべきである（図-2）。なお、「大入れ」とは部材の全断面が相手の部材に貫入することを言う。

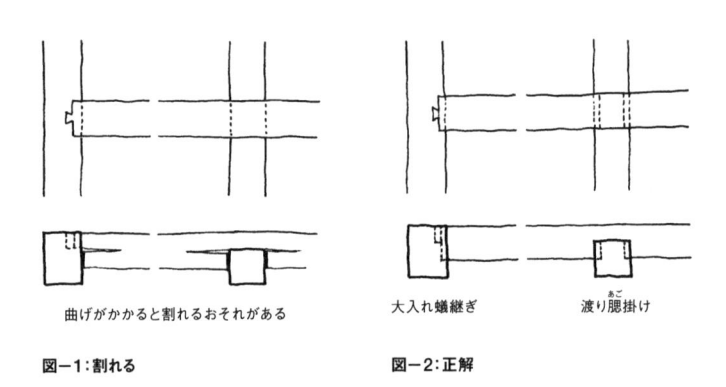

曲げがかかると割れるおそれがある　　　大入れ蟻継ぎ　　渡り腮掛け

図-1：割れる　　　　　　　　　　　　図-2：正解

解説

梁の仕口

現在の木造では2階の床構面は根太床とする場合が多いが、この場合、根太の成（せい）が大きくなるため、床構面の高さを縮めて根太の転びを止めるため、根太は梁に欠き込んで納める。この場合も同様に、根太の端部は胴差に「大入れ」で掛け、中間部の渡り腮（あご）も根太の全断面が支持できるように欠き込む。根太の場合も1間に1本程度は「大入れ蟻落し」とする（図-3）。このことは、柱と梁、胴差や桁と梁など、木構造のすべての継手・仕口に共通の原則である（図-4）。

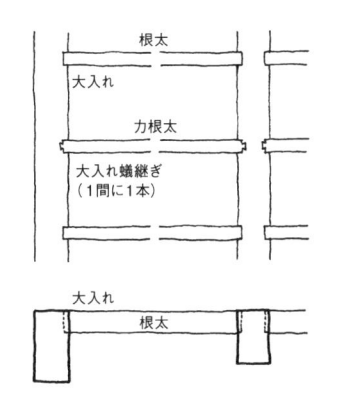

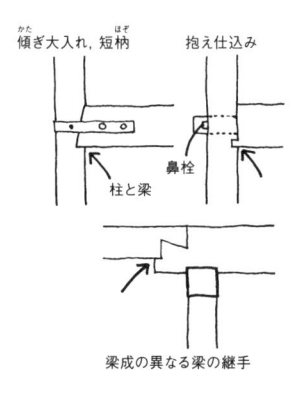

図−3:2階床根太

図−4:梁の継手・仕口

木材の接合部

No.26「『拝み』と『擂り鉢』」でも述べるが、木材は本来は引張に強いが繊維に沿って割れやすいという性質がある。割れやすいこと自体は必ずしも欠点ばかりとは言えず、大きな鋸が発明されるまでは木材は縦に割れるからこそ加工が可能だった、という面もある。ただし構造部材として使った場合は、引張力が接合部に集中して割れるような使い方は不利である。そのため、筋違いは圧縮方向に使うのが原則。ただし、2×4材のように材の厚みがなく座屈のおそれがある場合は別である。

継手と仕口

老婆心から念のため注記しておくが、「継手」は線状部材の長さ方向の接合部、「仕口」は直角に交差する部分の接合部である。

まつわる話

木構造の図解について

　木構造の継手・仕口の図解を見ると、断面の上半分だけが掛かった「腰掛け継ぎ」の図がある。これは上記の原則に反するように見えるが、基礎の上に載った土台など、上記のような割れの心配がない接合部に使われる継手である（図－5）。

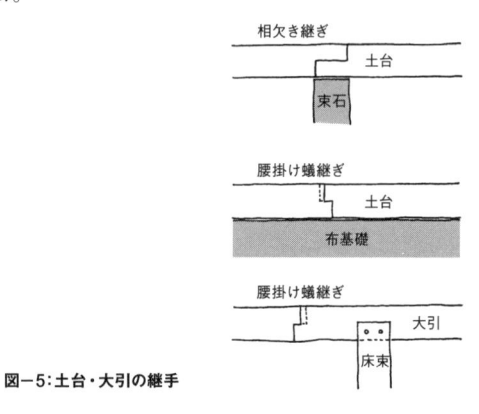

図－5：土台・大引の継手

　この種の図解ものには、接合の原理を明確にするため単純化して木材だけを描いたものが多いが、布基礎で線状に支持されている土台と、柱や束で支持された梁との区別は、図だけからではわからないおそれがある。これでは、初学の学生諸君にこうした原則を説明するにはやや不都合である。およそすべての図解において、その部材がどのような条件で使われているものであるかがわかるようにすべきであろう。

25 0分の1は無限大

垂木と母屋の接合部

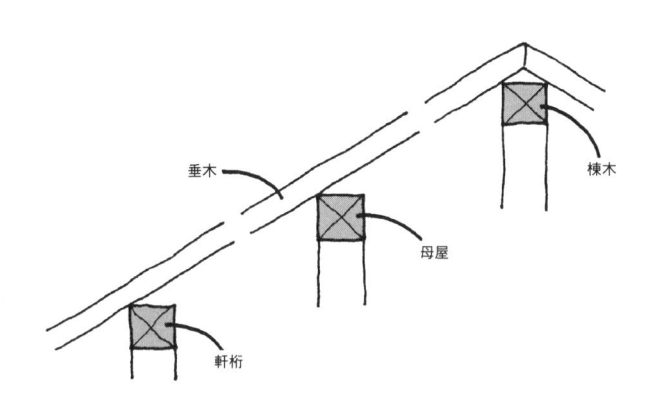

ラベル:
- 垂木
- 棟木
- 母屋
- 軒桁

問題

図に示す垂木と母屋・桁・棟木との関係について、通常の条件で考えられる問題点を指摘し、改善案を示せ。

- 木構造
- 木造小屋組
- 構造強度
- 間違い探し

解答

　木材は、もともと柔らかい材料である。特に太さ方向には柔らかい。だから木材同士の接触部分は、なるべく広い面積で接するようにする必要がある。線接触や点接触では、理屈の上では接触面に働く応力は無限大になってしまい、潰れ・めり込みを生ずる。木造の小屋組で垂木が母屋・桁・棟木に掛かる部分は、木材同士が面接触するようにする必要がある。これは垂木に限らず、木材の接合部全般に共通の原則である。

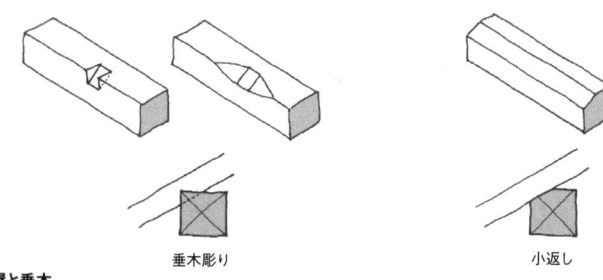

図−1：母屋と垂木

解説

垂木の各種納まり

　母屋と垂木が接触する部分では、垂木に合わせて「垂木彫り」（座彫り・垂木道）とする場合と、母屋全体を同一断面で削る「小返し」がある（図−1）。垂木彫りの場合、釘は補助的な役割という解釈もできるが、小返しでは接合強度は釘に全面的に依存することになる。棟木の場合も各種納まりがあるが、木材同士が面接触になるようにすることは同様である（図−2）。

図−2：棟木と垂木

垂木と母屋の接合部では、一般にはひねり金物を使って補強する。同じ用途で、円板に切込みを入れて曲げた製品がある (**図-3**)。

ひねり金物

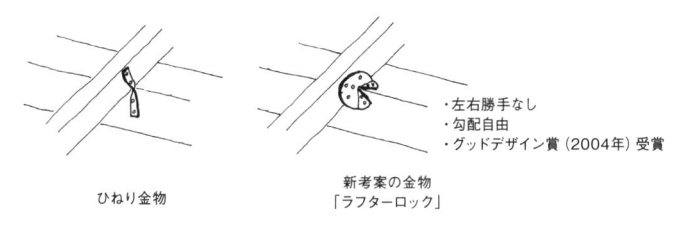

新考案の金物
「ラフターロック」

・左右勝手なし
・勾配自由
・グッドデザイン賞 (2004年) 受賞

図-3：垂木と母屋の接合金物

垂木の位置

母屋や桁の上端は屋根勾配と母屋間隔が一定であれば等間隔に揃う。寸法体系の理屈を通そうとすると、柱の通り芯と母屋上端の交点を屋根勾配に合わせて一直線にしたくなる。桁と柱の幅が異なる場合は、桁に対しては偏心した位置に通り芯がきて、垂木彫りや小返しの位置も当然そこに合わせることになる。しかし一般には、そこまで寸法上の理屈にはこだわらない場合が多く（こんな箇所にこだわっているのは学者の設計だけだったりして）、小返しはちょっとだけ削るというのが一般的なようである。部材を削る手間や、材断面の痩せを軽減する上では現実的な方法、といったところか (**図-4**)。

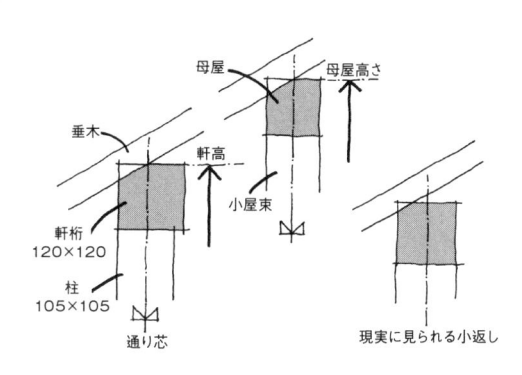

図-4：垂木の位置

まつわる話

伊勢湾台風

　垂木と母屋の接合部は、極端に言えば垂木は母屋に載っているだけだから、風圧力で持ち上げられる力に対しては耐えられない。在来の構法では、母屋に溝を彫って垂木を嵌め込むが、補強金物は使われていなかった。住宅金融公庫の標準仕様書に「ひねり金物」が掲載されたのは昭和54 (1979) 年からであり、それまでは釘打ちとされていた。伊勢湾台風 (昭和34／1959年) で木造住宅の被害が甚大だったことも、こうした規定化の契機になったと推測されるが、伊勢湾台風後には、木造禁止という風潮があった (そのために木構造の研究は進まなかった) と仄聞する。

　筆者も中学生の時に伊勢湾台風を経験している。バケツをひっくり返したような雨で土塗り壁が溶けて、小舞竹の間から、空がまるで稲妻のように激しく光る、という恐怖の体験をした。やがて釘付け補強した開口部も風で破られたが、風上側が先に破壊されたため、吹き込む風のために耳に強い気圧を感じた。その圧力で1階のガラス戸が「ここまで撓むか」と思うぐらい撓んでから外れたら (当然ガラスは粉々)、耳が急に楽になった。思えば貴重な体験をしたものだ。

　台風後はまさに「台風一過」で真っ青な青空。飛ばされた部品を拾い集めて家の応急修理をしたが、こんな様子を、母が撮影している (**写真ー1**)。

　室内は壁土が崩れて泥だらけで、社宅の修理の番が回ってきた年末まで、2階は使用不能だった。濡れて反った襖から剥がれた襖紙の下張りには、昭和14 (1939) 年の新聞が張ってあった。

写真ー1:伊勢湾台風の被害

　何だか空がすっきりしていると思ったら、電線がなくなっている所もあった。後日になってからだが、雨の日に碍子 (がいし) の表面でパチパチとスパークする現象が見られた。海から飛んできた塩分が付着したせいであろう。

26 「拝み」と「擂り鉢」

木製トラスの斜材の向き

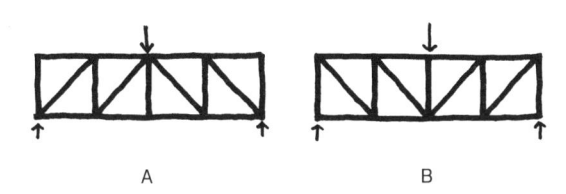

A

B

問題

木製と鋼製のトラスを単純梁として使う場合、斜材の方向はそれぞれ図A・Bのどちらとすべきか。

- 木構造
- 木造トラス
- 構造強度
- 正解探し

解答

木構造の筋違いは圧縮方向に効かせるように入れる、というのが常識である。それに対して鋼構造では、斜材は引張方向に入れる。したがって、常識的に考えれば、木製トラス梁は「A」、鋼製トラス梁なら「B」というのが回答である。

これを説明する際に「木材は圧縮に強く、鋼材は引張に強い」とうっかり言いがちだが、木製の筋違いが「引張に弱い」のは、その端部の接合強度の問題である。釘やボルトで接合しても、引張力をかけると木目に沿って割れて、抜けてしまうからである。

木造在来構法の筋違いは、見込平使いでも見付平使いでも、端部はちょっと引掛かっているだけと言ってよい。現在では接合部は金物による補強が前提となっているが、その場合でも、大きな引張耐力は期待しないほうが安全であろう。

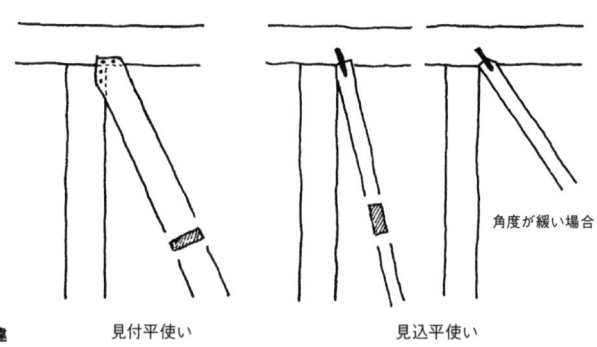

図−1：圧縮筋違　　見付平使い　　見込平使い　　角度が緩い場合

解説

引張に耐える接合部

木材自体はセルロースの繊維を平行に束ねたような構造をしているから、本来は引張に強い。だから引張力に十分耐えるように広い面積で接合すれば、引張材として効かせることも可能である。

一方で、2×4材など厚みの小さい材を圧縮部材として使った場合は、座屈の問題がある。したがって斜材は引張方向に入れることが多い。木造で引張力に耐

える接合部とするには、力の集中を避ければよいわけだから、できるだけ広い面積で接合すればよい。具体的には、多数の釘、ギャングネイル、接着などの方法がある（**図-1**）。

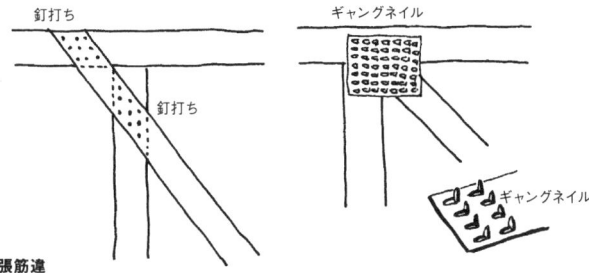

図-2：引張筋違

木造ラーメン

　間口が狭い敷地の住宅では接道する面に駐車スペースの開口を設ける必要があるため、木製パネル構法の住宅でもそこだけは木造ラーメンを用いる場合がある。この場合、木材を何層にも積層して、多数の釘や接着剤で固定して、ラーメン構造を実現している（**図-3**）。

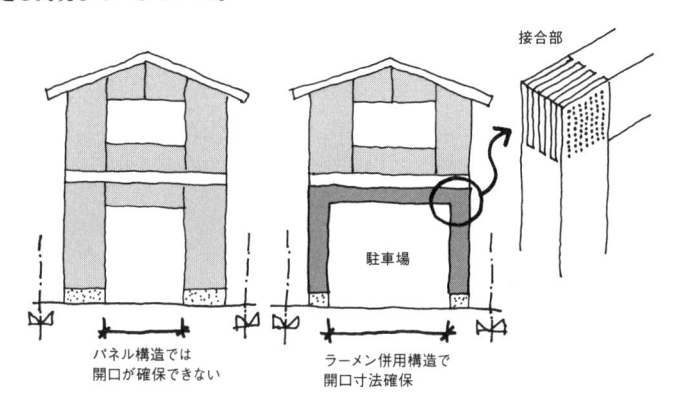

図-3：狭小敷地のラーメン併用構造

まつわる話

堅木による構造

わが国で一般に建築用材として使う樹種は針葉樹なので、木目は平行に揃っていて、木目に沿って割れやすい。大きな鋸が発明される前は、割れやすい性質を利用した製材が行われていた。したがって、接合部では割れを考えておく必要がある。

しかし、樫などの広葉樹を使う場合は、繊維に直交方向の引張力にもある程度は耐えるので、それこそ鉄骨造のように、孔をあけてペグで留めるといった構造も見られる。

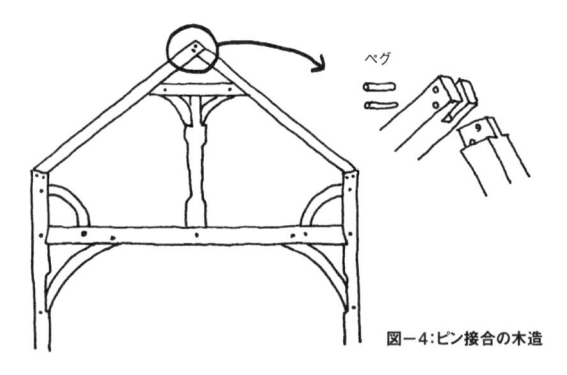

図－4：ピン接合の木造

わが国でも、近年では、大断面の集成材を金物とドリフトピンで接合した、大規模な木造ラーメン構造の建築が実現している。

27 表と裏では態度が変わる
木製建具の裏表

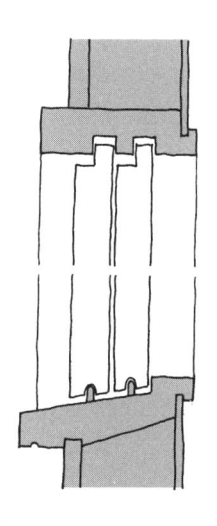

問題
図は外周開口部に使う木製建具のディテールである。通常の条件で考えられる問題点を指摘し、改善案を示せ。

- 窓
- 木製建具
- 経年劣化
- 間違い探し

解答

木材はセルロースのパイプを束ねたような構造をしており、木口からは水が入りやすく、水が浸入すれば腐朽しやすい。したがって、切り口に水が掛かるディテールは避けるべきである。

縦框の上下の切欠きは、室内側に向けておくのが原則である。そうすれば、上枠から水が垂れた場合も、木口からは水は浸入しない(図-1)。これは、下見板や水切鉄板など、雨仕舞のディテールに共通な「羽重ね」の原則として解釈可能である。ガラス等を取り付ける押縁は室外側に付くが、これも雨水の浸入を避けるため。

なお、問題の図で、どちらが外部かは建具枠の形からわかる。

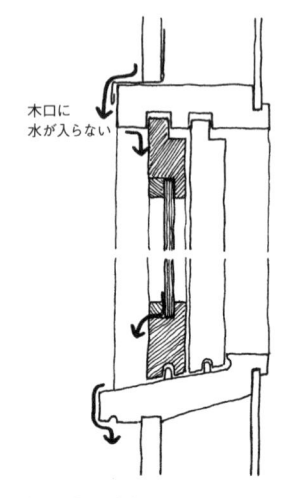

図-1:正しい方向

解説

木口の保護

木口の保護には、ほかにも多くの例がある。門柱、橋脚、鳥居の添え柱など、柱の上端が切りっ放しになる場合は雨除けが必要であり、小屋根や金属製のキャップを付けるのが普通である(図-2)。切妻の民家の壁面から飛び出した梁(中引梁、丑梁、地棟など)の木口も、小屋根を付けたり、漆喰で塗り込めてある(図-3)。社寺建築や御殿まがいの住宅などで、垂木の木口を一本一本装飾金物で覆った例もある。いずれも木口を保護して水の浸入を防ぐディテールである。

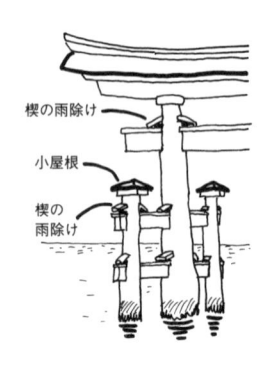

図-2:木口の保護

以前、お寺の建築現場で、枓栱（ときょう）組物の木口が白く塗ってあるのを見て、大工さんに「何が塗ってあるのですか」と聞いたら、ぶっきらぼうに「ペンキ」と答えられて拍子抜けしたことがある。

　屋根葺き材の柿（こけら）板は割って作るが、繊維の切り口を作らないためであり、木材内部への水の浸入を避けるという目的は共通である。

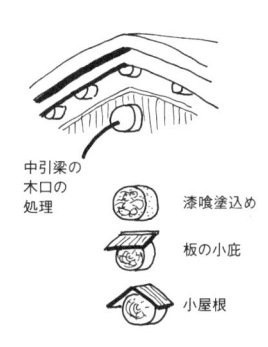

図－3：木口の雨仕舞

建具の裏表

　木製建具には裏表があり、縦框を溝に合わせて切り欠くのは表側である。室内（主たる視線の方向）からは表が見えるように使う。障子は紙が貼ってあるほうが裏側であり、縦框の切欠きと上桟との位置関係は**図－4**のように整合している。

断面形状の意味

　木製建具を水仕舞が必要な箇所に使う例は、寒冷地の断熱サッシ以外は稀となり、設計者が自ら建具の断面を設計する機会も減った。設計者が既製品を嫌う時代もあったが、現在では既製断面のサッシの使用は不可避である。金属やプラスチックのサッシの断面を設計者が考える余地はなく、実用上はそのディテール上の意味や原理を知る必要もなくなった。しかしここで採り上げた基本的な原理原則は、いかに既製部品化が進んでも設計者にとっては不可欠な知識と言わねばならない。

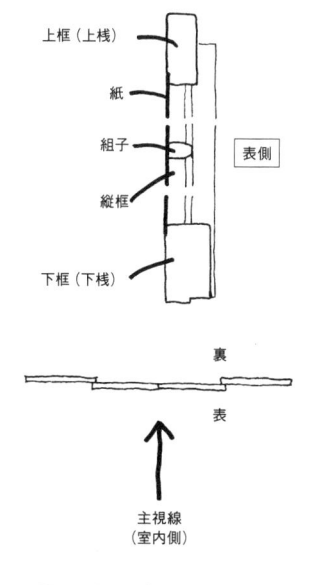

図－4：建具の裏表

まつわる話

「桟」と「框」

　和風建具の部材には「桟」と「框」があり、戸の周囲が框（上框・縦框・下框）、内部の骨組が桟（縦桟・横桟）だが、和風建具では上下の框のことを桟と呼ぶ場合がある。和風建具では縦材勝ちで、横材はほぞ差しになっていて、組立て方の原理としては上框も横桟も同じだからかもしれない。

　建具の資料には上框にテーパーがついたものもあるが、富山県地方ではかなり大きなテーパーが付いた上框が見られる（**写真-1**）。なお余計な知識であるが、この地方では、屏風をジグザグに折って自立させるのではなく、平面状に拡げて、開口部の内側に断熱戸のようにぴったり当ててしまう使い方がある（**写真-2**）。この場合、屏風は自立できないので、倒れないように鴨居に止める専用の金物がある（**写真-3**）。

写真-1：上框にテーパーが付いた建具

写真-2：平面状に広げた屏風

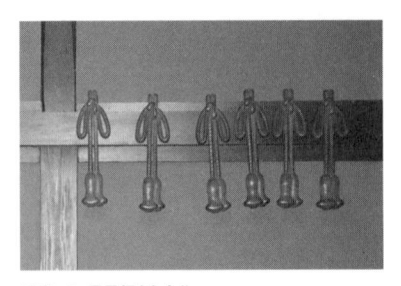

写真-3：屏風押さえ金物

# V

水の性質と処理

28	縁はきっぱり表はさっぱり
	軒先の納まり

29	端や角にも気を配れ
	RC造の屋根防水

30	どんなプランにも掛かる屋根
	寄棟屋根の設計方法

31	広がる前に策を打て
	浴室床の水勾配

32	水あるところ羽重ねに
	浴室の壁仕上げの見切

33	こぼれぬ先の知恵
	浴室床のバリアフリー

34	水は低きに流る
	地下水槽の排水手段

35	アイロン掛けには霧を吹く
	断熱材の入れ方

36	形にはすべて必然性
	サッシの断面形状

28 縁はきっぱり表はさっぱり

軒先の納まり

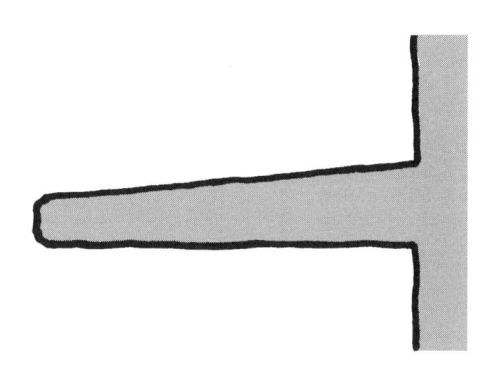

問題

バルコニー部分の庇の先端を図のような形にした場合に、通常の条件で考えられる問題点を指摘し、改善案を示せ。

- 軒先・天井
- 軒先の水切
- 雨仕舞
- 間違い探し

解答

　水平な庇やバルコニーの上面にかかった雨水は、先端を回り込んで裏面に流れてくる。下方へ突出した部分を設けておけば、表面に沿った水はそこで落下する。一定以上の段差があれば、重力に逆らって水が上ってくることはない。だからバルコニー等の先端の下面には「水切」を設けるのが雨仕舞の基本。なお、庇上面と壁面の境界部は、あらかじめシールしておくほうが安全である（図－1）。

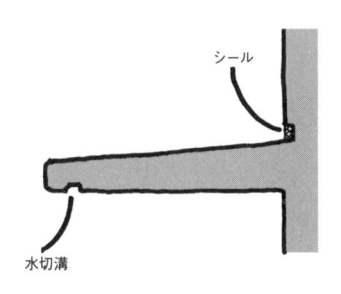

図－1：バルコニーの雨仕舞

解説

いろいろな水切

　流水を表面から離脱させるための水切は、外面壁の表面材の水平目地、建具の下枠など、庇のほかにもいろいろな部位に設けられる。パラペットや煙突の上端部には、汚れた雨水が流れて外面壁の表面が汚れることの対策として水切が必要であると習ったが、昨今ではこうしたディテールは、意匠上の理由からか、あまり見られない（図－2）。

　水切は、下向きの先端を設ければよいのだから、溝の他にもいろいろな方法がある。溝を設ける例としては、今回取り上げた庇の先端の他にも、建具枠の下部（図－3）などに見られる。

　突出部を設けるものとしては、モル

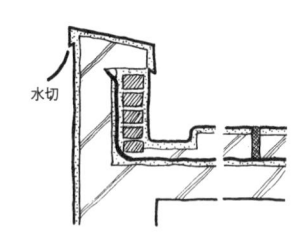

図－2：RC造パラペット

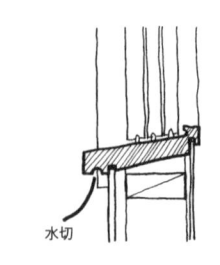

図－3：木製建具枠

タルや、金属板埋込み等がある。金属板1枚で枠や庇を作るデザインは昨今の流行りらしいが（十分に厚い板を使わないと変形するおそれがあるが、まあそれはさておき）、その場合も先端は下へ曲げておく必要がある(図-4)。

壁面の水切

ボード張り外面壁の水平目地には稲妻型のジョイナーを用いるが、単に羽重ねの原則というだけでなく、水切の機能も期待できる（図-5）。

漆喰塗りの外面壁には保護用に簓子下見板を取り付ける場合があるが、そのためにはあらかじめ小さな水切を付けておく。土佐の民家などに見られる水切瓦も、外面壁を雨から護るためのもので、スケール的には大きいが原理は同じである（図-6）。

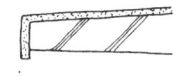

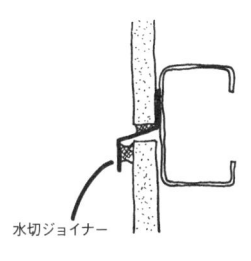

図-4：水切の各種形状

図-5：外面壁のボードの目地

図-6：土佐の水切瓦

まつわる話

部材形状による対処

　特に水切を設けるというのではなく、部材形状による水処理のディテールもある。目板張り（縦羽目板の目地を細い板で押さえた構法）の外面壁で、板の割れ目を丹念に目板で補修した例を見たことがあるが、補修用目板の上下端部が斜めに切ってあった。上面が水平では水が溜まり、下面も同様に水平では滴が垂れにくいから、斜めにすることで水切れをよくして、断面から水が木材中に浸み込むことを防ぐための工夫であろう**（写真-1）**。

写真-1：目板張りの斜めカット
目板縦羽目張り、コールタール塗りの漁村の外面壁。目板の上下端が斜めにカットしてあるのは、雨水が溜まらない工夫と思われる（千葉県・外川／1976）。

29 端や角にも気を配れ

RC造の屋根防水

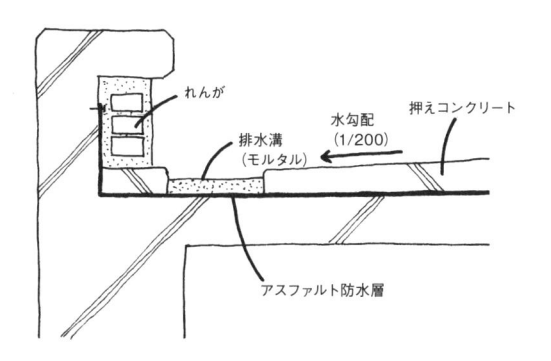

図中ラベル:
- れんが
- 排水溝（モルタル）
- 水勾配（1/200）
- 押えコンクリート
- アスファルト防水層

問題

図に示す鉄筋コンクリート造・アスファルト防水屋根の納まりで、通常の条件で考えられる問題点を指摘し、改善案を示せ。

- 屋根・葺き材
- 防水層
- 雨仕舞
- 間違い探し

解答

　アスファルト防水層は、融かしたアスファルトと防水紙を交互に直交方向に何層か重ねて形成するが、端部は立ち上げて何らかの方法で躯体に留め付け、端部から水が浸入しないようにする必要がある。防水層の端部は見切用の金物で押さえ、さらにその部分をアスファルトなどでシーリングする。この部分に雨水をかけないため、パラペットの端部にも水切を設ける。防水層の立上がりの角には面を取って防水層が切れるのを防ぐ（図-1）。

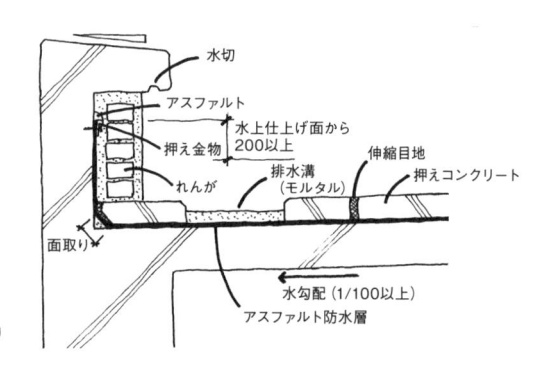

図-1：一般的な納まり

　立上がり部分を保護するためには、れんがまたは同サイズのセメントブロックを積み上げることが一般に行われてきたが、鉄筋を生やしておいてコンクリートを打ったり、PC版やセメント成形板を張る乾式構法も用いられる（図-2）。

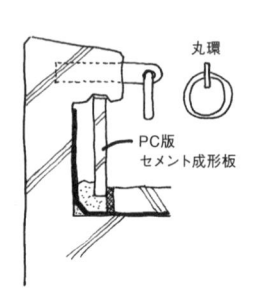

図-2：乾式の納まり

解説

汚れた水は流さない

　上向き面には必ず汚れが溜まり、雨水で流れて壁面を汚すから、汚れた水は壁面に流れないようにする必要がある。パラペット上面には、溜まった雨水が外面壁を伝って流れないように、内側（屋上側）に向けて勾配を付けておく。さらに外面壁側上端には水切が欲しい。以前は防水モルタルで水切を設けた例が多かったが、外観デザインから、昨今ではあまり好まれないようである。アルミ製などの笠木を被せるディテールも普及している（**図-3**）。

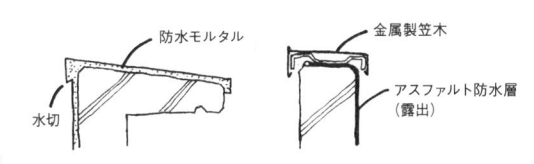

図-3：笠木部分は内勾配

　なお、ゼネコン等の標準納まり図には、パラペット外側上面をしゃくった図が出ていることがある。デザインと施工性の理由と思われるが、こうしたわずかな上向き面にも汚れは溜まる（外面壁を汚す）はずである。

陸屋根にも水勾配

　陸屋根といえども、雨水の排水のためには水勾配が必要である。コンクリートの精度を考えると最少でも1/100程度の勾配が必要であり、広い屋上の場合、水上と水下では数10cmの高さの差ができる。したがって、パラペットの立上がり寸法は、水上の一番高い箇所に合わせて決める必要がある。勾配は、ごく小規模の屋根ならば押えコンクリートで勾配を付けてもよいが、押えコンクリートの厚みを数10cmにするわけにはいかないから、屋根のコンクリートスラブ自体で勾配を付けておく。

丸環

　屋上に仮設物などを取り付ける際に、防水層を破ってアンカーを取ることはできないので、ロープを縛る手掛かりになる金物（丸環）をあらかじめ取り付けておく（**図-2**）。

まつわる話

屋上の伸縮目地

　歩行床の場合、防水層の上に保護の押えコンクリートを打設する。押えコンクリートには3m内外の間隔で伸縮目地を設けて、熱膨張・収縮変形を吸収する。こうしておかないと、防水層の立上がり部分を傷め、さらにパラペット全体を押し出して、漏水や、ひどい場合はパラペット全体の脱落にまでつながる（No.13「硬い奴でも態度を変える」参照）。現在の建物では伸縮目地が常識化してそんな例はなくなったが、ディテール丸暗記ではなく、それが必要な理由だけは知っておく必要がある。

　なお、寒冷地では凍害（**写真－1**）の対策として、屋上防水押えのコンクリートの代わりにアスファルトを使う場合がある（**写真－2**）。

写真－1：屋上の置き基礎の凍害（北海道）

写真－2：防水押えにアスファルトを用いた例（同上）

30 どんなプランにも掛かる屋根

寄棟屋根の設計方法

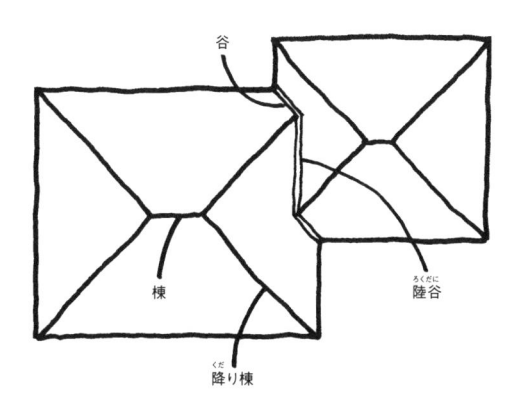

図中ラベル：谷、棟、降り棟、陸谷（ろくだに）

問題

図に示す寄棟屋根の形状で、通常の条件で考えられる問題点を指摘し、改善案を示せ。

- 屋根・葺き材
- 屋根形状
- 雨仕舞
- 間違い探し

解答

陸谷（ろくだに：水平な谷）は、雨仕舞の弱点になるので、なるべく避けたい。もっとも、やむを得ず陸谷ができてしまう場合は、谷部分に樋を設けるという方法もあるのだが、寄棟屋根では陸谷のない屋根形状がすべての場合に可能なのだから、避けるのが常識である（図-1）。

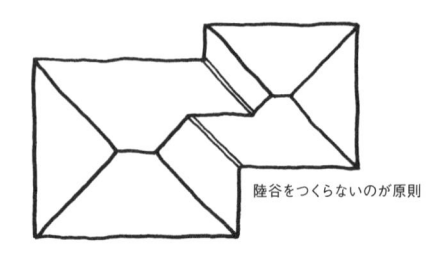

陸谷をつくらないのが原則

図-1：正しい屋根形状

解説

寄棟屋根の設計方法

寄棟屋根の形状の決め方（水取り）は、軒先の出隅から45°の降り棟、入隅から135°の谷の線をそれぞれ描き、降り棟がぶつかったら135°に水平な棟、そこへ谷がぶつかったら135°に降り棟が昇る、というように順次設計していけばよい。内接する矩形をすべて拾い、それぞれに寄棟屋根を掛け、その最大外接形状にすればよいという説明方法もあるが、問題図の場合、隠れている矩形を見落したために陸谷ができてしまったわけである（図-2）。

しかし、軒先から等高線（コンター）を描く方法によれば、いとも簡単に作図が可能である。等高

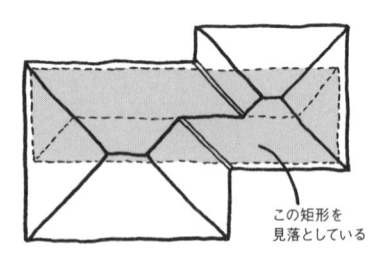

この矩形を見落としている

図-2：内接する矩形

線の出隅の折れ目が降り棟、入隅が谷になる。これは図学的に言えば、標高投象における平面の交線の作図問題に他ならない(**図-3**)。

この場合の等高線は、和小屋における母屋（と平行な方向）を表わす。したがって和小屋では、陸梁を掛けた上に一定間隔で水平な母屋を渡せば、いかなるプランにも寄棟屋根を掛けることが可能である。

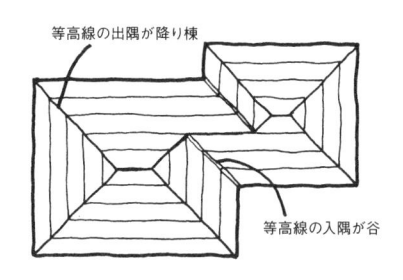

図-3:等高線による設計方法

（等高線の出隅が降り棟／等高線の入隅が谷）

切妻と寄棟

勾配屋根で最も基本となる屋根形状は、寄棟と切妻である。最も単純な矩形平面の建物に屋根を掛ける場合、切妻屋根は矩形の平面2枚だけで構成される単純な形状にはなるが、妻壁部分に三角形の要素（矢切部分）が発生して壁の構法システムが複雑化する。また複雑な平面形状では屋根面に不連続な部分が発生し、雨仕舞の弱点になるおそれがある。

一方、寄棟屋根は、屋根面を構成する要素の数が最少で4枚、形状も三角形と台形という点では切妻より複雑だが、軒桁から上がすべて同じ勾配の面だけで構成されている点では単純であり、下部の壁も方向によってシステムを変える必要はない。桂離宮に代表されるような複雑な平面形状は、わが国の真壁造建築では珍しくない（真壁だから無限増殖が可能である）が、直角だけで構成されていればどんな平面形状にも掛けられる点から、寄棟のほうがより基本の形という解釈もあろう。

寄棟屋根を正方形プランに掛けると方形になる。また寄棟屋根には「四注（しちゅう）」という別名があるが、雨水が四方に流れる意である。

アスファルト防水等の陸屋根でも、同じように屋根面を1/100程度の一定勾配の平面で構成する必要がある。屋根面は寄棟か切妻で設計し、さらにパラペット脇の排水路にも勾配を付け、最下部にルーフドレーンを設けることになる。

まつわる話

屋根形状の網羅・体系化

　屋根形状には無限の可能性があるが、数種類の要素形状（**図-4**:陸屋根、片流れ、切妻、方形等）と、十数種類の変形操作（**図-5**:伸縮、反転、凹凸、切落とし等）によって、さまざまな屋根形状を体系的に分類することが可能である。これらの変形操作は組合せが可能だが、実際の設計例を分析してみると、プラン上の理由による細かい変形を無視したレベルでは、2種類以上の変形操作を組み合わせた形状は実際には少ない。

　ということは、屋根形状のデザインにはまだまだ無限の可能性がある、ということ。具体的な内容については、拙著『図解 建築構法計画講義』（彰国社）を参照されたい。

図-4:屋根形状の体系化-1・基本形

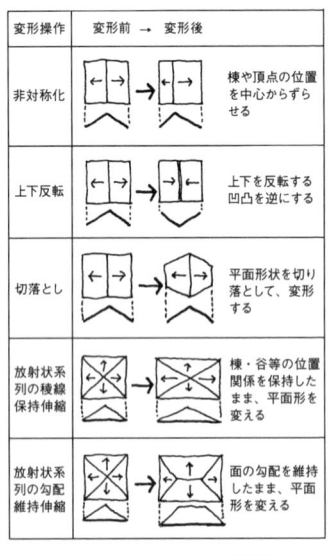

図-5:屋根形状の体系化-2・変形操作

31 広がる前に策を打て

浴室床の水勾配

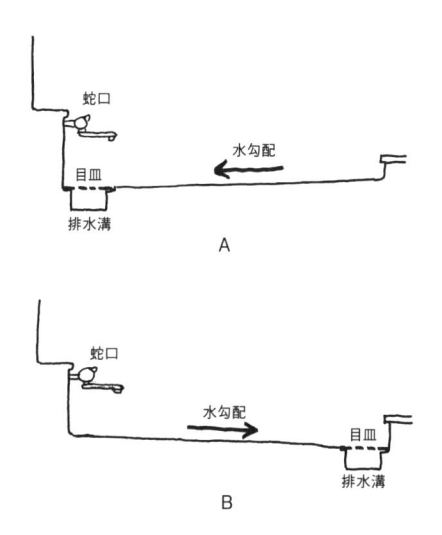

A

B

問題

浴室の洗い場の床にも、当然ながら水勾配が必要である。図に示す2つの設計例で、通常の条件でより良いと思われるほうはどちらか。またその理由を述べよ。

- 設備・排水
- 浴室床
- 水仕舞
- 正解探し

解答

　水の流れる水平(おおむね水平な)面には、原則的に水勾配が必要である。この場合、水が流れる向きをうまく考えておかないと、流れる時間、水量、水質によっては不都合を生ずる場合がある。和風の入浴方式では、頭や体を洗う際にシャンプーや石鹸の泡を洗い落として床面に流すことになるから、前図「B」のような流れ方では床面全体に泡が広がってから流れることになり、特に複数の人が利用する共同浴場では不都合な状況になる。したがって「A」が正解。

解説

床面に流れる水の影響

　人が生活・作業・通行する床面には水を流すべきではない。水が流れる場合、水流のある時間（いつも濡れている、じめじめする）、水量（水没による不快、歩行困難）、水質（汚い水の拡散、それによる汚れ・臭気）などの影響が生ずるおそれがある。床面以外についても同様に、汚れた水を「見える」側に流さないことはディテールの原則である（**図-1**）。

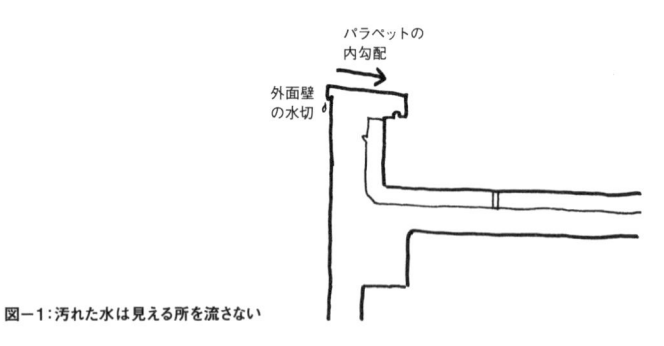

図-1：汚れた水は見える所を流さない

　浴室・洗車場など洗浄を目的としたスペースや、清掃時など、人のいる場所に水を流すことが不可避な場合もある。上記のようになるべく人や物が存在する場所には流さないのが原則だが、やむを得ず流す場合には、何らかの対策を講じておく必要がある。

拡散する前の処理

　汚れや熱などの「負荷」は、環境に拡散させてしまってから全体に対して対策を講ずるより、拡散する前に処理してしまうことが原則である。

　床全体に広がった石鹸やシャンプーの泡を、高性能の床材（撥水性・自浄作用・抗菌性能等）や設備（自動洗浄装置？）で処理することが技術的に可能であったとしても、広がる前に排水溝へ流すほうが設計としては素直である。汚染空気についても同様であり、室内に拡散させてから防毒マスクに身を固めるより、ドラフトチャンバーで処理するほうが安全かつ経済的であることは言うまでもない。照明器具等による熱負荷についても、天井灯の上部を空調の吸込み口にすることで、器具からの熱を室内に伝えない工夫は常套手段である。洗濯の際に汚れがひどい物を別にして洗うのも、原理は共通である。

外部床の45°目地

　雨がかかる可能性のある外部床には、すべての場合に水勾配が必要であり、一般には周囲の地面や排水溝に向けて外周向きの勾配を付ける。わずかな勾配でも水平ではないのだから、タイルや石などを貼った場合、建物隅角部の床には45°の目地パターンが現われることが多い。これは寄棟屋根の形状と同じ原理である（図－2）。

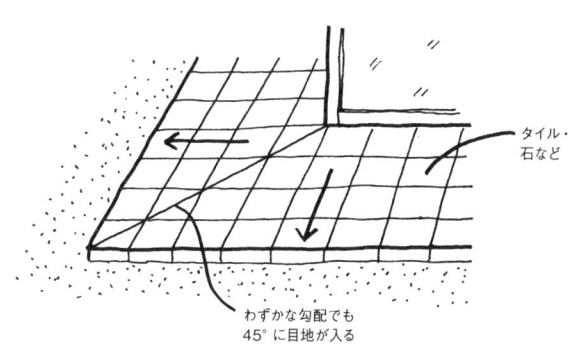

図－2：45°の目地パターン

まつわる話

毛細管現象による漏水

　共同浴場などでタイル貼りの現場施工の浴槽を設ける場合、コンクリート内部を毛細管現象で水が伝わり、離れた場所から漏水することがある。コンクリート中の流速は限りなくゼロに近いが、高さに応じた圧力差は確実にあるから、立上がりを確保したつもりの箇所での漏水という結果になってしまう。

　この対策としては、浸透経路を遮断するために排水溝を兼ねた減圧溝を設けておけばよい（図-3）。

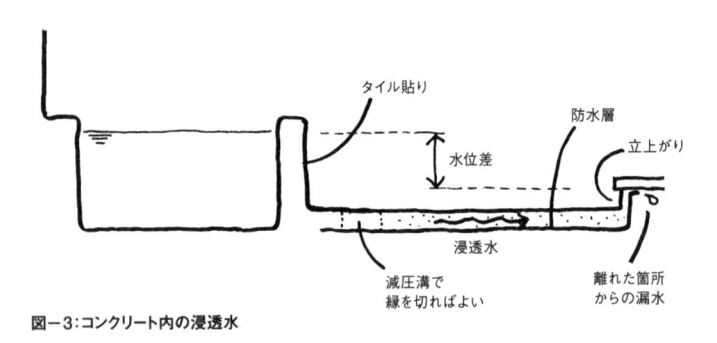

図-3：コンクリート内の浸透水

32 水あるところ羽重ねに

浴室の壁仕上げの見切

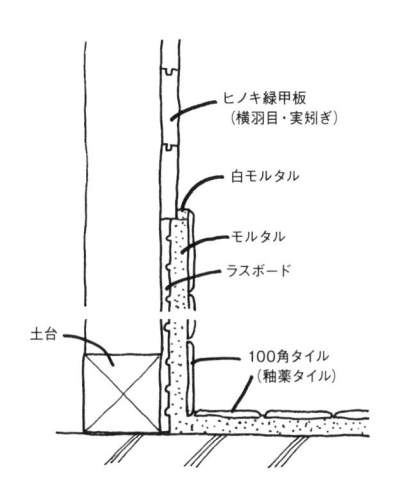

- ヒノキ縁甲板（横羽目・実矧ぎ）
- 白モルタル
- モルタル
- ラスボード
- 土台
- 100角タイル（釉薬タイル）

問題

図は木造住宅の浴室の壁で、下部がタイル貼り、上部が板張りである。通常の条件で考えられる問題点を指摘し、改善案を示せ。

- 壁
- 浴室壁
- 水仕舞
- 間違い探し

解答

在来構法の浴室の設計例には、壁を上部までタイル貼りにしたものが多く、また昨今では防水・耐水性の面から戸建て住宅でもユニットバスを採用する例が多くなっているが、ヒノキの香りのする板張りの内面壁も捨てがたい。その場合も、耐久性の点から腰壁はタイル貼り等の耐水性の仕上げにする場合が多い。

おかしな箇所はいろいろあるので、上方から順に列挙しておく。

- 縁甲板の実（さね）の向きが逆
- 板張りの下地には防水紙が必要
- タイル上部には水切をつける
- 土台は立上がりコンクリートの上に
- モルタル下地にラスボードは不可
- 床の釉薬タイルは不可
- 壁と床の見切部分にはサニタリータイル
- 床には水勾配（これは図面の向きによる）

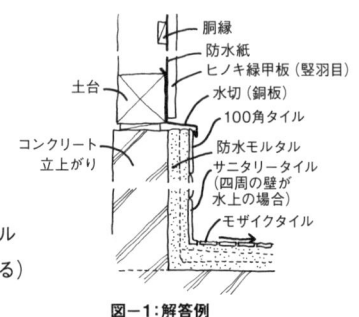

図−1：解答例

解説

板張り

板張りの実（さね）は、この図の向きでは溝に水が溜まって、板の腐朽を早めるおそれがある。上下逆にするか、相決りとするか、いずれも浴室内に向かって羽重ね（下見板）にしておく必要がある。水はけを良くするという点からは、横羽目より竪羽目のほうがよいが、これには意匠上の判断が大いに関わってくる。なお、下地層には当然ながら防水紙が必要である。

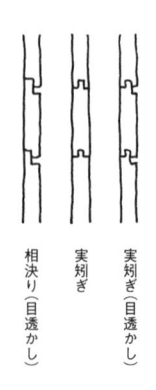

図−2：板の矧ぎ方

水切

　浴室の内面壁には、外面壁と同様の水仕舞が要求される。したがって、水が溜まる納まりは厳禁で、雨仕舞における「羽重ね」の原則を守っておく必要がある。板張りの仕上げをタイル面より手前に出しておけばよいが、木造の場合で層構成の関係からそれが無理な場合は、銅・ステンレスなどの水切、または木製の見切り縁を設ける。

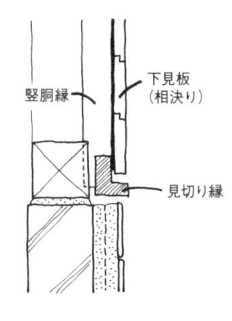

図－3：見切り縁

　タイルと見切り縁の間は、挙動を考えて目地詰めは行わないが、隙間をシールするかどうかについては、通気して乾燥を保つべきだとする説と、水の浸入を防ぐべきだとする説の両論あろう。いずれにしても、壁内部に浸入した水分の逃げ道を考えておく必要がある。

　RC造の場合、板張り部分は木製下地の厚さがあるからタイル面より手前に出すのは容易である。

コンクリート基礎の立上げ

　木造の間仕切壁の場合、腐朽対策を万全に講じておく必要がある。土台は土間コンクリートに転ばしとはせず、必ずコンクリートを立ち上げる。壁全体を木造として下地板に耐水性のものを用いる方法もあるが、腰壁部分（できれば壁全体）をRCかコンクリートブロックにしたほうが安心である。

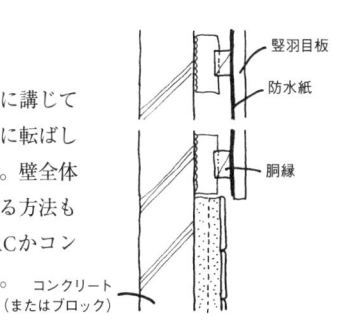

図－4：コンクリート下地

床用タイル

　浴室の床は滑ると危険なので、壁用の75㎜角や100㎜角の滑面のタイルではなく、床用タイル（粗面で目地幅が広い）やモザイクタイル（目地が細かく入る）など、滑りにくいものを使う。昨今のユニットバスでは、粗面で水切れの良い特殊な表面加工を施したプラスチック新素材が採用されている。

　幅木まわりはサニタリーコーナーとするほうが清掃性が良いので、タイル貼りの場合はサニタリータイルを用いる。

まつわる話

腐りにくい樹種

　浴室のように常時水分にさらされる箇所には、腐りにくい材料を使うのは当然である。バスユニットの内装にはプラスチック、浴槽ではステンレスも汎用的な材料になってきたが、やはり人体にじかに触れる部位には天然材料が好ましいという考えもあろう。板張りにする場合、樹種としては常識的に腐りにくいヒノキとなる。

　なお、旧住宅金融公庫の仕様書では、土台用には腐りにくい樹種として「ヒノキ・ヒバ・クリ」を用いることとされていた。鉄道線路の枕木にクリが使われていたのは、鉄道ファンの常識。

　以前、研究室で設計した別荘で外部テラスに枕木を敷いたが、糞尿の滲み込んだ材には抵抗があったので、便所のない車両だけが走る路線で使われていた枕木を用いた。「生闘学舎」（**写真-1**）が建築学会賞を受賞した後だったので、中古枕木の入手には苦労した。

写真-1：生闘学舎（三宅島）
この建物は学会賞受賞後まもなく見ている。1983年の噴火後にも見たが、溶岩流の直撃は免れていた。2000年の噴火の全島退去後はどうなっただろう。

33 こぼれぬ先の知恵

浴室床のバリアフリー

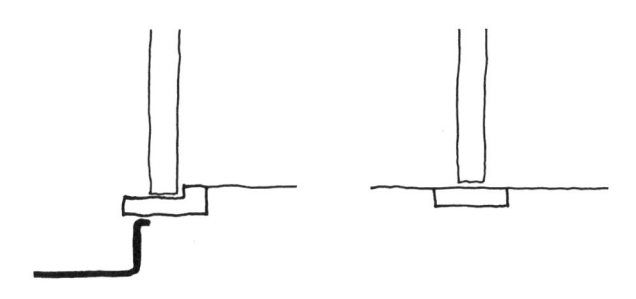

水仕舞：防水層の立上がり

バリアフリー：床面フラット

問題

バリアフリーのためには脱衣室床面と浴室の洗い場に段差を付けたくないが、その一方で、水仕舞上からは防水層の立上がりがほしいという矛盾がある。この場合どんなディテールにすればよいか、提案せよ。

- 設備・排水
- 浴室床
- 水仕舞
- 設計問題

解答

防水層の立上がりを確保しながら床の高さを揃えるには、洗い場を置き床とするのが最もオーソドックスな方法であり、在来構法の浴室でもスノコ板を置く例はしばしば見られた。洗い場床の立上がりの代わりに、床の周囲に幅の広い排水溝（グレーチングで蓋をする）を設けることで、ドアまわりの段差をなくしたユニットバスがある。後からドア下部だけに排水溝を設けるための、改造用部品も（グレーチングユニット等の名称で）市販されている。また昨今の浴室ユニットでは、後述のように、さらにコンパクトな納まりとしたものが多い（図−1）。

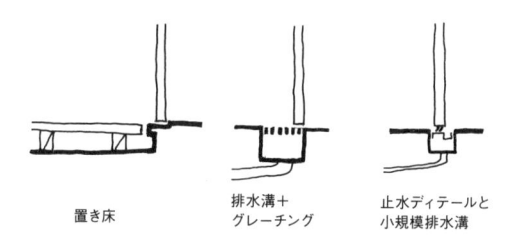

置き床　　排水溝＋グレーチング　　止水ディテールと小規模排水溝

図−1：防水立上がりと床フラットの両立

解説

浴室ユニットのディテール

浴槽の排水をいったん浴室床に落してから排水する間接排水方式では、排水口が詰った場合の対策として、防水パンには浴槽一杯分（基準ではその70％）の容量が必要とされており、そのためには立上がりが必要である。ただし浴槽の排水を床に落とさずトラップに直結する直接排水方式では、目詰りの危険性は低減されるので、防水パン容量を少なくすることが可能である。現在の浴室ユニットでは、ドア下部にゴム状水密材を設け、それでも漏れたわずかな水だけを、小さな排水溝で処理するディテールが多い（図−2）。

何が何でもフラットか

現在ではバリアフリーが常識となっているが、何が何でも床面フラット一辺倒の考え方ではなく、必要な段差は積極的に設けるという考え方も必要な場合があ

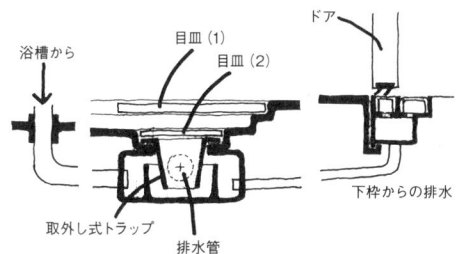

図-2：現代の浴室ユニットの排水方式

る。特に、椅子座や立ち姿勢と床座との混在には、ある種の違和感を感じるのが自然であろう。

　和風邸宅を改装した料理店で、本来は靴を脱いで上がる廊下を絨毯敷きにして、靴履きで歩くようになっていたことがあった。個室の戸が開いていて、座卓を囲んで床に直に座って食事しているのが見えた際に、同じレベルの廊下を靴履きで歩いている自分に激しい違和感を感じたものである。

　小上がり的な畳部屋の座卓と椅子座のテーブルを一体化した食事スペースは、床座・椅子座の共存として一種の定石的手法と言ってよいであろう（**図-3**）。

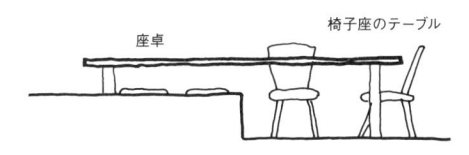

図-3：平座位と椅子座位の両立　　　　異なる体位の混在から共存へ

段差の効用

　昨今では段差解消が一般化しているが、以前はむしろ積極的に段差を設けたものである。防水層には立上がりが必要であり、床がモザイクタイル貼り等で水を流す掃除を前提としていた時代には、便所用サンダルやスリッパをドアで掃いてしまわないためにも、段差があるのが常識であった。しかしバリアフリー化が一般化し、また便所の床もドライの（水を流す掃除を前提としない）床が主流となって、これも過去の話となった。

まつわる話

駅のエレベータにドアが2つある理由

 エレベータのドア数は、病院用等を例外として1か所に制限されていた。しかし、もともとエレベータが考慮されていない建物に後から設置する場合は、ドアの向きが固定されていたのではエレベータ設置が不可能な場合がある。階によって乗降口の向きが自由になれば、設置可能性と利便性は大幅に増す。エスカレータも勾配は30°と決っていたが、やはり後からの設置を可能とするため、35°勾配も認められるようになった（いずれも2000年の建築基準法改正）。

 また、車椅子での乗降は通抜け（ウォークスルー）型のほうが楽というのも、2ドアとする目的の一つである。ただし後付け設置の場合は、上記同様の制約がある。

 その他に、段差解消機としての用途もある。1階分に満たない高低差にエレベータを設ける場合、ドアの位置が同じではそもそも成り立たない**(図-4)**。

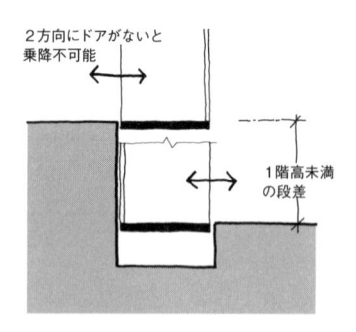

図-4：段差解消機

34 水は低きに流る

地下水槽の排水手段

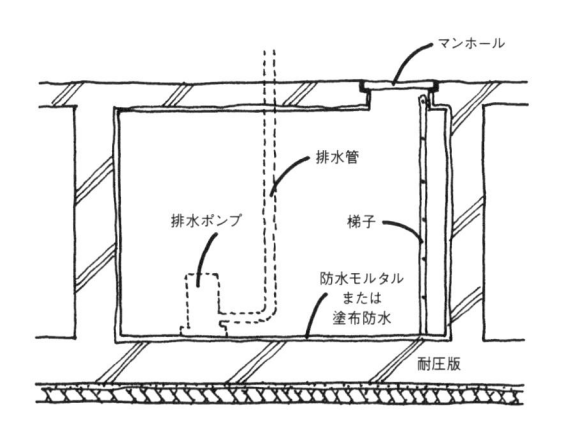

図中ラベル:
- マンホール
- 排水管
- 排水ポンプ
- 梯子
- 防水モルタルまたは塗布防水
- 耐圧版

問題

図に示す鉄筋コンクリート造建物の地下にある雑排水槽で、通常の条件で考えられる問題点を指摘し、改善案を示せ。

- 設備・排水
- 地下水槽
- 水仕舞
- 間違い探し

解答

水槽に溜まった水をポンプで排水する場合、最下部に「釜場」（ピット）が必要である。釜場がなければ、ポンプの運転に必要な水位以下の水は排水できず、わずかな水でも床に広がってしまう。ポンプなどの設備機器は、修理・交換などメンテナンスの配慮が必要であり、直上階にマシンハッチがほしい。床に水勾配が必要であることは今さら言うまでもないが、ヌルヌル滑るおそれがあるから通路は階段にしておく。臭気洩れ対策のためマンホール等の蓋は防臭（気密）型にするが、水槽内の気圧調整のため、建物外に開放された通気管が必要である（図－1）。

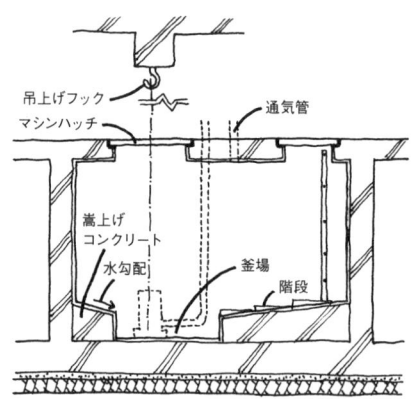

図－1：正しい構成

解説

水勾配と釜場

水槽床・外部床・屋根面など、水が存在する場合はどんなときにも水勾配が必要であり、その勾配の最下部に排水口を設ける。排水口が設けられない場合は、釜場に水を溜めてポンプで排水する。

地下水位以下まで掘り下げる地下掘削工事では、ウェルポイント工法などで地下水位を下げて工事現場の水没を防ぐが、それまでの間は、浸み出てくる地下水を釜場に溜めて水中ポンプで排水する。これによって、地下全体の水没を避け、ポンプが働くための水深を確保する。

最下部の水抜き

　水槽類の他、噴水池、プール、屋根、路面、階段など、あらゆる水が流れる底面には水勾配を付け、その最下部に排水口（設けられない場合は排水ピット）を設けることが原則である。地下二重スラブ下の湧水槽では、基礎梁や壁を貫通する箇所に連通管を設けるが、最下部に設けておかないと水が溜まってしまう。

　機器類の筐体や屋外看板などのあらゆる閉鎖空間に対して（完全密封でない限り）、雨水浸入や結露水の対策が必要になる。十分な通気がなく、入った水の蒸発は期待できないから、最下部に水抜きを設けておく必要がある**（図−2）**。

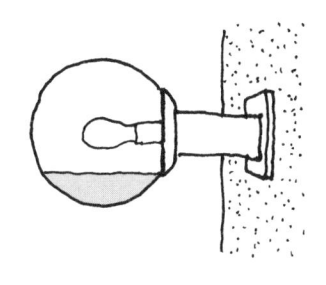

図−2：水抜きのない照明カバー
通常は上向きに取り付ける水銀灯を、「洒落て」水平に取り付けたため、水が溜まった例。ランプの点滅による「呼吸」で外気が入って、中で結露するため。

メンテナンス用のマンホール

　地下水槽へのアプローチにはマンホールが設けられるが、人の通過だけでなく、必要な機材を持ち込むだけの寸法が必要で、大きい場合はマシンハッチとする。人力では運搬できない設備機器については、直上にホイストビームや吊上げフックが必要であり、周囲にも作業スペースが必要である。マンホールやマシンハッチは直上階の床に開口するが、そこが居室であってはならない。駐車場や裏庭などの共用部分を配するプラニング上の配慮が必要である。

まつわる話

メンテナンスの現場から

　地下水槽に釜場がないといった設計ミスは、昨今ではあまり見られなくなった（と期待したい）が、以前、そういう配慮を欠いたビルのメンテナンス現場に立ち合ったことがある。

　釜場がないため最後まで排水できない。そのため、水中ポンプの先のストレーナを外し、さらに脚ボルトを切断してぎりぎりまで高さを下げ、布（ツナギの作業衣）でポンプ周囲に堤防を作って水を掻き寄せながら、エアを噛んで悲鳴を上げるポンプで騙し騙し排水、最後は雑布で吸い取るという苦肉の策が取られていた。また、マンホールの数や寸法が足りないため、時間内に地下水槽を完全に排水できず、通常の営業期間には水槽の清掃が不可能（だから開業以来掃除していない）というはなはだ不衛生なケースもあった。このような事態を招かぬように、設備のメンテナンスを考慮した建築設計が要求される**（図-3）**。

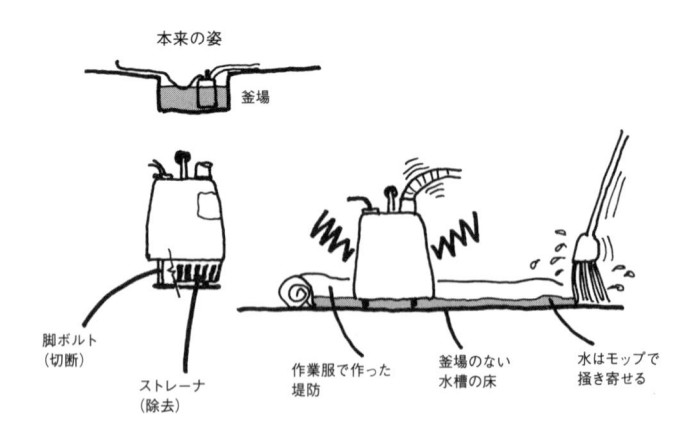

図-3：メンテナンスが考慮されていない設計で強いられる苦労の現実

35 アイロン掛けには霧を吹く

断熱材の入れ方

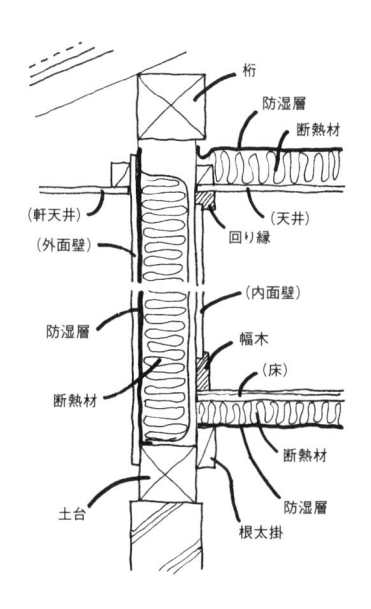

(図：外周壁の断面図。桁、防湿層、断熱材、軒天井、外面壁、回り縁、天井、内面壁、防湿層、幅木、床、断熱材、断熱材、防湿層、土台、根太掛などが示されている)

問題

図に示す外周壁の断熱材の入れ方について、通常の条件で考えられる問題点を指摘し、改善案を示せ。

- 壁
- 断熱材
- 安全快適性
- 間違い探し

解答

断熱材の内部での結露を防止するため、防湿層は湿度の高い側、すなわち室内側に入れなければならない（図-1）。

断熱材とは、熱を通しにくい空気を動きにくい状態にとじ込めるものであり、空気が動けば対流によって熱が伝わって、断熱効果は下がってしまう。対流による熱の伝達は、物体表面と流体（つまり空気）との表面熱伝達と、流体自体の動きとで成り立っている。

表面熱伝達については、水分の存在によって物体表面で微小な結露と蒸発が発生し、その潜熱によって熱が効率よく伝わってしまう。湿った鍋つかみで火傷しそうになったり、霧を吹くとアイロンがよく掛かるのと原理は同じ。また断熱層の中の空気が対流すれば熱が運ばれ、断熱効果が損なわれる。

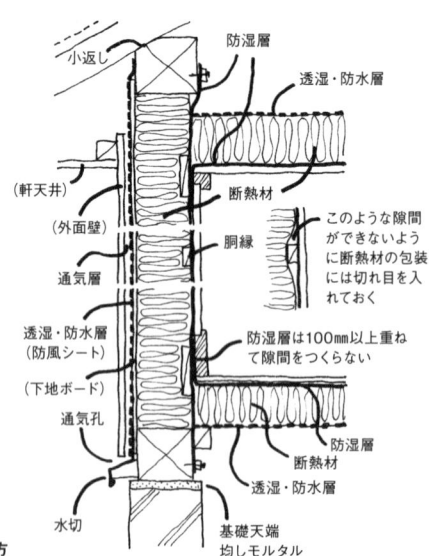

図-1：正しい断熱材の入れ方

解説

内部結露

断熱すれば当然ながら断熱層の両面に温度差が生じ、断熱材の中で温度は急激に変化する。室内の暖かい空気に含まれる水蒸気は、温度が下がると断熱材内部で結露してしまう。したがって、断熱材の内部には湿気を入れてはならず、断熱層の室内側には防湿層を設ける必要がある。

通気層

断熱材の中に浸入してしまった水分は、密閉空間である場合は内部に溜まってしまうから、部位内の換気によって排出する必要がある。断熱層の外側に外気に通じる通気層を設ける場合があるが、この場合、断熱層の室外側は雨水は遮るが湿気は通す防水・透湿シート(「防風シート」とも呼ばれる)で保護することが一般的である。

断熱材の隙間

断熱材・防湿層に隙間があれば、その箇所は断熱上の弱点となり、大きな隙間では対流を生じてしまう。壁体内には下地材や筋違などがあり、いろいろな隙間ができる。壁－天井、壁－床の境界部分、間仕切壁の上下、設備機器の埋込み部分、開口部の周囲等々にも、断熱材と防湿層が隙間なく充填される必要があるが、施工上は隙間ができやすい。また設計についても、断熱材を隙間なく施工することが困難なディテールが実際にはあるようだ。温暖な地域ではあまり神経質に施工されない傾向があるが、特に寒冷地では隙間が発生しないよう入念に施工する必要がある。セルロースやガラス繊維の細片を壁体内や天井裏に空気で吹き込む工法は、主に寒冷地で普及している。

まつわる話

木造床の断熱

　問題の図には、上記のほかにも実はいくつかの間違いがある。桁と垂木の納まり（線接触ではめり込む：No.25「0分の1は無限大」参照）、土台の雨仕舞（雨水が基礎上面に溜まって土台が腐る：No.32「水あるところ羽重ねに」参照）、基礎天端均しモルタル（コンクリートだけでは精度は出ない）も間違い。いくつ見つけられるか、という試験問題を出すこともある。

　なお、木造の床にグラスウールマットを使うと、断熱材を下方から支持する必要があるので、押出成形発泡ポリスチレンなどの板状製品を根太の間に嵌め込むことが多い（図－2）。

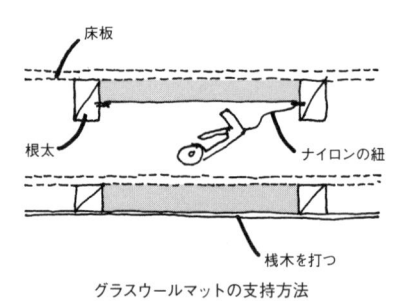

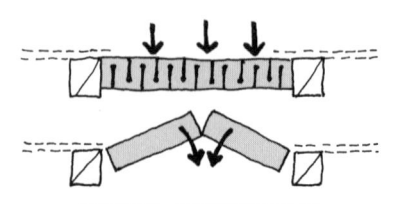

グラスウールマットの支持方法

発泡プラスチックは根太間に圧入する

図－2：床の断熱

36 形にはすべて必然性

サッシの断面形状

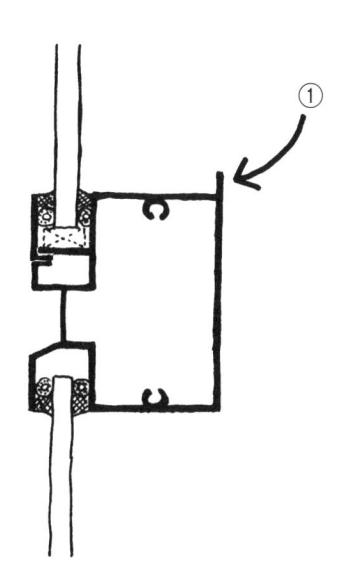

問題

図はカーテンウォールの無目(横桟)の断面である。図中に示した①の部分は、何のためのものか。

- 窓
- アルミサッシ
- 水仕舞
- 構法の理由

解答

図のような立上がりは、結露水が流れ出さないように設けたものである。結露対策としては、結露自体の発生の防止と、結露水による被害防止の2段階がある。室内で人が生活する条件では、窓ガラスでの結露を完全に回避するのは現実的ではないから、結露してもそれによる被害が起きないようにしておけばよい。

解説

結露水の処理

嵌殺しなどのサッシの下部には、結露水が流れ出さないように、問題の図のような立上がりを設けたものが多い。天窓には暖気が集まるので、結露水受けを設ける（**図-2**）。ただし住宅用の引違いアルミサッシでは、枠と框の間に隙間があるから、一般には特にこのようなディテールにはなっていない（**図-1**）。

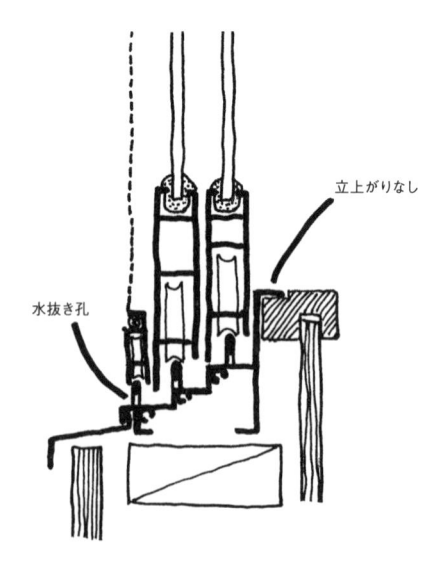

図-1：引違いサッシの下枠まわり

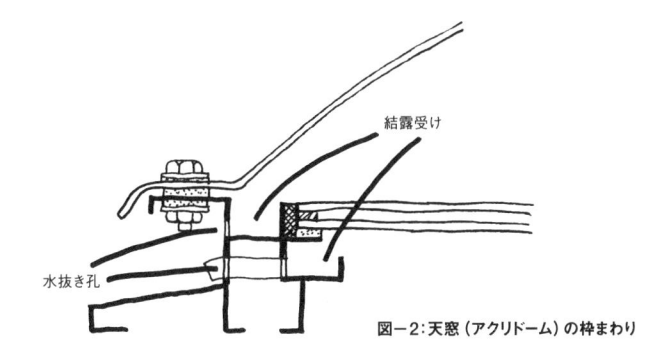

図−2：天窓（アクリドーム）の枠まわり

　溜まった水は、一時的な結露ならば自然乾燥に任せればよいが、連続的に、または多量に発生する場合は、排水経路を考えておく必要がある。大面積の嵌殺しガラスでは、下枠に水抜き孔を設け、ホースで室外まで排水するディテールが見られる。この場合、室外で凍結するおそれがあるから、マリオンがゴンドラレールを兼ねている場合は、このことを考慮しておく必要がある。温泉の大浴場は常時結露し続けるので、回り縁に結露受け樋、さらに排水管を設けている例もある。

　エアコンの室内機でも、冷房時の結露水のドレン配管が必要である。部屋中央部に設けた天井付け室内機では、天井裏配管では排水勾配が不足するので、水をはね上げて機器の上部から排水管を出す工夫がある。なお、室外へ直接出せないからといって一般排水に合流させてはならない。冷房期以外は水が流れないから、トラップの封水が乾燥して室内に臭気が出てきてしまう。

結露の条件

　単板ガラスの熱貫流率（K値）は6[W/㎡・K]程度で、複層ガラスにしても3前後、ガラス表面のコーティングや中空層の工夫で性能を高めた高断熱複層ガラスでも1.5~2程度である。ガラスは熱をよく伝えるため、熱貫流率は厚さには関係なく、表面熱伝達の影響がほとんどだから、おおよそ表面の数に反比例するわけである。以前、全国数十箇所で同一用途の建物の外周壁を対象とした総合性能調査を行ったことがあるが、その経験からは、K値2以上では結露は不可避である。

まつわる話

追補問題
サッシの断面形状について、もう1問。
「図-3の②部分は、何のためにあるか。」

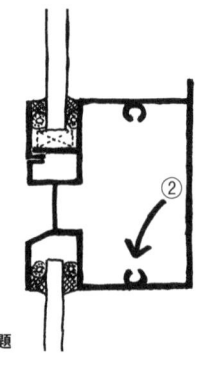

図-3：追補問題

解答

サッシを組み立てる際に、セルフタッピングスクリュー（あらかじめ雌ねじを切っておかず、ビスの先端で自らタップを切りながらねじ込むもの。規格名は「タッピンねじ」）を使う場合、この丸い孔に向かってビスをねじ込んでいく。

押出成形

このような複雑で閉断面の形状のサッシバーを作るには、押出成形という方法を使う。型材の断面の形の孔を明けた金型に、融点以下の温度に熱したアルミ材（ビレットという円柱状の固まり）を3,000トンぐらいの圧力で押し付けて、圧力による融点降下を利用してニューッと押し出す。しかしこうして押し出されたアルミ材は直線にはならないから、所定の長さを押し出した後に、両端を摘んでグイッと引張って直線にする。このため、精度は案外よくない。あまり複雑で高い精度を要求する断面では、うまくいかないことがある。

筆者が学生だった時代は、可動間仕切やアルミ押出材の断面などにも建築設計者が関与していたものだが、現在ではこうしたディテールは建材メーカーの範疇であり、建築設計者が知らなくてもすむ。だからサッシの断面の意味など無用な知識かもしれない。しかし、原理をわかっていたほうがディテールの理解が深まり、設計・施工ミスの防止にもつながる。だいいち、ディテールの意味がいろいろわかったほうが「面白い」ではないか。

VI
メンテナンス

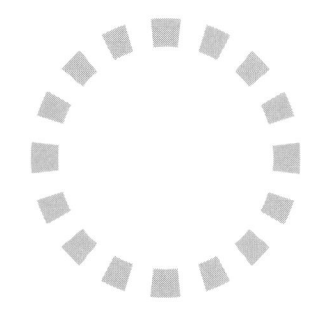

37	見えないものは無いのと同じ
	天窓の層構成

38	つまらぬことが実は大事
	ルーフドレーンの目皿

39	カドが取れては困る場合も
	左官壁の出隅

40	何事も程度問題
	軒下の鋼板の錆

41	見えない箇所の開口部
	布基礎の床下換気口

37 見えないものは無いのと同じ
天窓の層構成

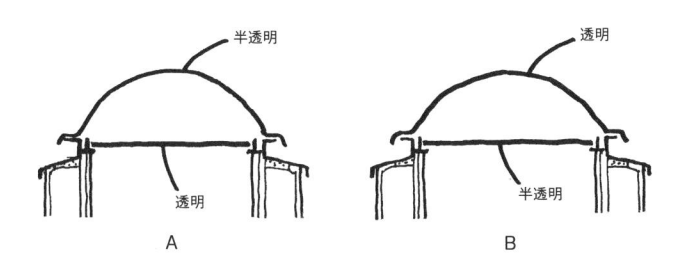

　　　　半透明　　　　　　　　　透明

　　　透明　　　　　　　　　　半透明

　　　A　　　　　　　　　　　B

問題

天窓は断熱性などのために二重にすることが一般的であるが、図に示す層構成で、通常の条件でより良いと思われるほうはどちらか。また、その理由を述べよ。

- 窓
- 天窓
- 経年劣化
- 正解探し

解答

天窓には汚れ物質の降着は不可避であり、雨による自浄作用にも限界がある。一般には掃除が不可能または困難なため、汚れを容認しそれを目立たせないようにすることが現実的な解決である。天窓の透明層は二重とし、内側を透光不透視（半透明）にしておけば、汚れは室内からは見えなくなる。したがって「B」が正解。

解説

ダブルドーム

アクリル樹脂製ドームには、断熱の目的で二重で使うように曲率を変えてペアとした製品もあるが、某社のカタログでは、外側が乳色（アクリル）、内側が透明（ポリカーボネート）とされている。一見上記の原則に反するようだが、その場合も、さらにその下部に網入り型板ガラスを設けるのを標準ディテールとしている（図-1）。

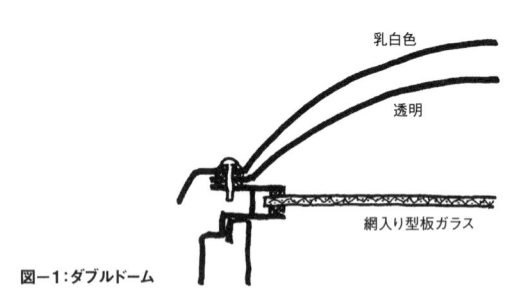

図-1：ダブルドーム

天窓の破損対策

天窓のガラスには、破損時の安全性の考慮が必要である。天窓を二重窓にする場合、内側の層は割れない（破損しても落下しない）もので作っておく必要がある。内側の素材としては、網入りガラスやプラスチックを使うのが一般的であろう。室内の天井面を光拡散材料として光制御をするディテールもあるが、室内側に紙障子などを用いた場合は、当然ながら落下防止効果は期待できない。

現在ではペアガラスの使用が一般的で、内側（下側）を網入り型板ガラスとす

るのが一般的である。もっとも、網入りガラスは製法（ロールアウト法）の都合で、型板ガラスが標準となる（透明にするには磨きガラスとせねばならない、つまり型板ガラスのほうが安い）ので、汚れ対策を意識した層構成なのかどうかは疑問（**図-2**）。

一昔前の天窓のディテールは、単層ガラスで結露が不可避なため、受け樋を設けるのが普通であったが、現在ではペアガラスの使用が一般的で、既製品サッシには結露受け樋を省いたディテールも見られる。

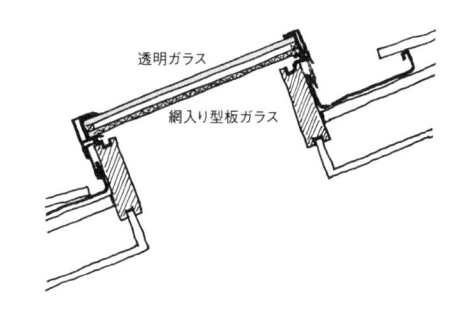

図-2：ペアガラス

汚れを見せない

高層の建物から低層部の屋上が見えることがあり、この屋上が不粋な防水層では見苦しい。いわく「屋根は第5のファサード」である。しかも、上階から見える屋上が清掃不可能の場合、ゴミが散乱したり、ドレーンが詰って水たまりになったりして、見苦しい状態になっている例が案外多い。

こうした清掃不可能な屋上を「見せる」設計は間違いである。見えないような設計のほか、屋上をきれいに仕上げたり、清掃員が容易にアプローチできるようにしておくといった、設計上でのメンテナンスの配慮が必要である。

まつわる話

汚れの対策原理

　汚れの対策原理は、①汚さない：汚れの原因回避、②汚さない：汚れにくい材質・形状、③自然洗浄させる、④汚れを除去（清掃）する、⑤汚れを見せない、⑥我慢する、などがあげられる。これは、汚れに限らず、性状変化（主として劣化）現象全般に共通に当てはまる対策原理である（**図ー3**）。

　前述の二重天窓は原理⑤、屋上をきれいに仕上げるのも原理⑤、清掃員が容易にアプローチできるようにしておくのは原理④に該当する。

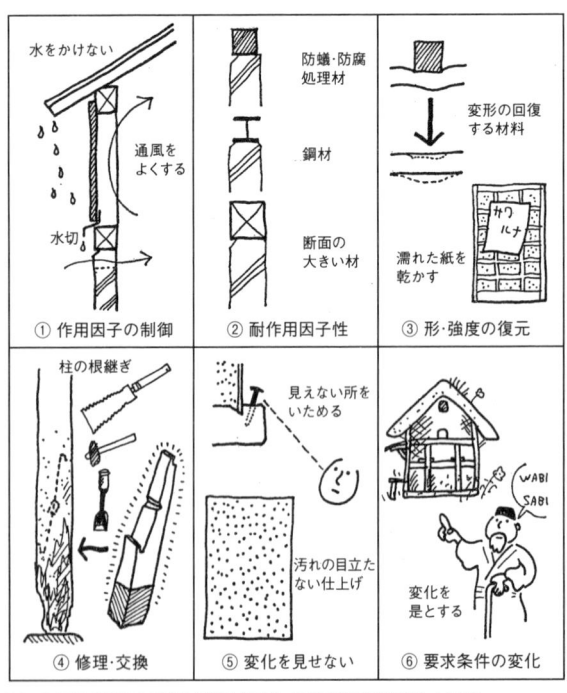

① 作用因子の制御	② 耐作用因子性	③ 形・強度の復元
水をかけない／通風をよくする／水切	防蟻・防腐処理材／鋼材／断面の大きい材	変形の回復する材料／濡れた紙を乾かす
④ 修理・交換	⑤ 変化を見せない	⑥ 要求条件の変化
柱の根継ぎ	見えない所をいためる／汚れの目立たない仕上げ	WABI SABI／変化を是とする

図ー3：耐久性確保の原理（拙著：「図解・建築構法計画講義」14章）

38 つまらぬことが実は大事

ルーフドレーンの目皿

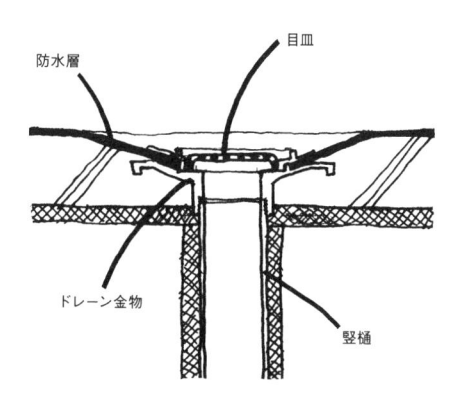

図中ラベル:
- 目皿
- 防水層
- ドレーン金物
- 竪樋

問題

図に示すRC造の屋上排水口(ルーフドレーン)まわりのディテールで、通常の条件で考えられる問題点を指摘し、改善案を示せ。

- 設備・排水
- ルーフドレーン
- 雨仕舞
- 間違い探し

解答

図のような平らな目皿では、目詰まりするおそれがある。通常は、高さのある帽子型のドレーンキャップの付いた竪型ルーフドレーンを用いる。こうしておけば、埃、土砂、枯葉などによって目皿開口部が目詰まりしても、水は上下に長い孔の上部から流れる（図-1）。

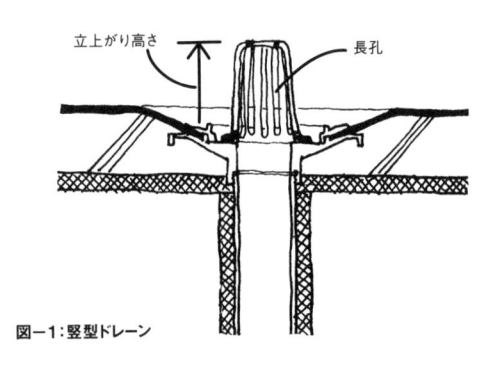

図-1：竪型ドレーン

解説

目皿のフェールセーフ

屋上のドレーンキャップには既製品が使われるから、設計者がこんなことを知っていなくても問題は起こらない。しかし、ディテールの理由を理解していないと、間違いは起こり得る。

以前、筆者の研究室があった校舎で、水平の目皿を使った結果、ペントハウスの上がプール状態になっていたのだが、下からは見えなかった。隣に高層の校舎が建ってそれが発覚した。おそらく、小規模の屋上排水口だからと気を許したのだろう。気になったので、屋上からさらにエレベータ機械室の上まで登り、水たまりを足で探って目皿を掃除して水を流したのだが、何年も放置されて錆びきったタラップを昇るなど、若かったとはいえ無茶なことをしていたものだ。

オーバーフロー

　日常的に手入れができない箇所の目詰まり対策としては、詰まってもよいようにしておくことが基本になる。屋上壁の下部に開口部を設け、排水口が詰まっても防水立上がり部分に達する前にオーバーフローするようにしておけば、雨漏りの危険は減る。バルコニーの腰壁下部にスリットを開けてオーバーフローとしたディテールは、住宅の設計にも見られる。

竪樋のフェールセーフ

　竪樋は屋外に出してしまう設計が多いが、これも一種のフェールセーフと解釈できる。竪樋を外部に露出させておけば、万が一詰まったり漏ったりした場合も建物への被害は少ない。雨樋が屋内を通る部分は、結露や雨漏りの対策を万全にしておく必要がある（**図-2**）。

　呼び樋をスラブ下に出したくない場合に横型ルーフドレーン（**図-3**）を使うことがあるが、排水口の詰まりや排水能力の点から、一般には竪型ルーフドレーンが推奨されている。

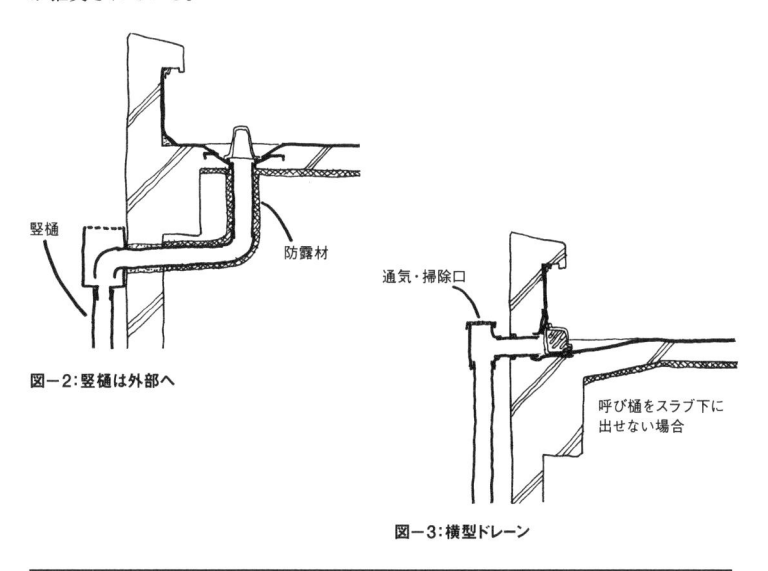

図-2：竪樋は外部へ

図-3：横型ドレーン

まつわる話

パッシブ冷房溢水事件

　大学院時代、予算の関係で初年度は冷房未設置の新しい建物に研究室が移動したが、最上階だったから夏は暑くてたまらない。ロープを張ってツル性植物を絡ませることも試みたが、失敗。屋上の水槽に水栓があったから、ルーフドレーンに土嚢で栓をして水を張ってみた。実測など思いもよらなかったが、これは確実に効果があった。そこでわかったのは、陸屋根といえどもかなり勾配があって、最上部まで濡らすには多量の水を入れる必要があること。なお当時は、屋上緑化もパッシブ冷房もまったく話題になっていない時代である。

　ある晩、激しい夕立で水が溢れるおそれがあったからいったん水を抜いたが、翌日また多量の水を溜めるのではもったいないから、もう大丈夫だろうとドレーンに栓をして帰宅した。しかしその後も記録的豪雨は続いた。

　翌朝、大学へ行ったら研究室には誰もいない。屋上から溢れた水が非常階段へ流入し、最上階を飛ばして（つまり自分の研究室だけ無被害で）1つ下の階から下の、床だけでなく天井裏まで水が入ってしまった。その後片付けに皆が奔走していたのだった。他研究室にも多大な迷惑を掛けたはずなのだが、結局何のおとがめもなかった。恩師にはあらためてお詫びと感謝を言いたい。

　なお、その非常階段の最下部には排水口がなかったので、以後ずっと長い間、水が溜まっていた（No.34「水は低きに流る」参照）。

39 カドが取れては困る場合も

左官壁の出隅

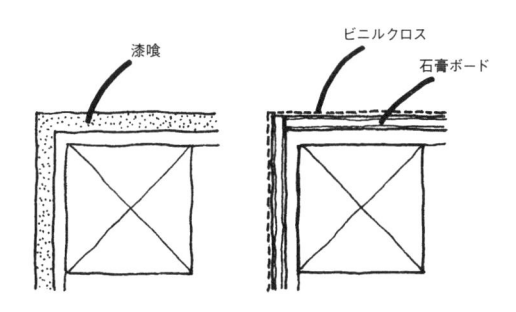

（図：漆喰塗りの出隅／ビニルクロス・石膏ボードの出隅）

漆喰

ビニルクロス
石膏ボード

問題

図に示す漆喰塗りと石膏ボードの壁の出隅のディテールで、通常の条件で考えられる問題点を指摘し、改善案を示せ。

- 壁
- 塗り壁
- 経年劣化
- 間違い探し（問題点と対策）

解答

漆喰・プラスター・モルタル・土塗壁などの左官材料や、石膏ボードなどの材料は脆いため、そのまま出隅を形成すると、物が当たった場合に欠けたりへこんだりする。したがって、出隅部分は何らかの方法で補強しておく必要がある。見切り縁やコーナービードなどで補強するのが原則だが、R（曲面）を付けたり面を取るなどの方法もある。

解説

出隅保護のディテール

左官材は一般に脆いので、出隅や、仕上げに段差が付く場所では、左官材だけで角を形成してはいけない。一般にはコーナービードを塗り込む。コーナービードは金属製の製品（カドガネ）のほか、塩ビ製のものもある。

石膏ボードも材の断面は弱点になるので、同様にコーナービードやコーナーテープで補強するか、木製の見切り縁を設ける納まりにする。ボードを挟み込む形の、金属製やプラスチック製のジョイナーを用いる場合もある（図ー1）。

石膏ボードはクロス貼り仕上げが一般的だが、出隅に物がぶつかってクロスがはがれると、プラスチックのジョイナー部分にはボンドが効かず、補修に困ることがある。

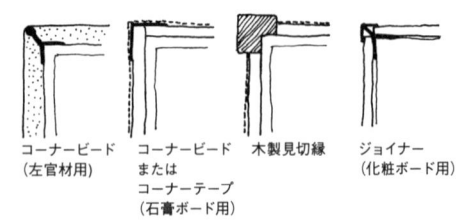

図ー1：コーナーの各種の納まり　コーナービード（左官材用）／コーナービードまたはコーナーテープ（石膏ボード用）／木製見切縁／ジョイナー（化粧ボード用）

はっかけ・R・面

漆喰塗りなどで、周囲に見切り縁を回したくない場合には、「はっかけ」という納め方がある。見切り材を刃形にエッジを出した形にして、先端を細くして目立たないようにするディテールである。丁寧な左官仕事が要求されることは言うまでもない。なお「はっかけ」とは、もとは和裁用語からきた名称だが、建築用

語では出隅を形成する2つの面の仕上げが異なる場合を言う。

　出隅にRを付けたり、面を取っておくことで、補強の効果があるから、物が当たる可能性のある出隅には、大面を取るかRを付けておく。漆喰やモルタルの塗り壁で、見切り縁なしの出隅にはRを付けることが原則である（図ー2）。

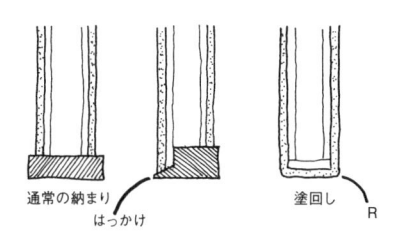

図ー2：落し掛け（垂れ壁の下端）の納まり

通常の納まり　はっかけ　塗回し　R

躯体の出隅

　RC造躯体の場合も、出隅には面を取るのが普通であり、これには出隅の保護や、作業者・使用者の安全性もさることながら、型枠の交差部分で精度よく角を出すのは困難という意味もある。また、車路の壁・柱などや、搬出入口まわりなど、自動車や荷物・ロープ等が当たる可能性のある出隅には、かなり丈夫な補強が必要である。ステンレス製の4分の1円断面の材やアングルなどを、丈夫なアンカーを付けて埋め込んでおく。

　駐車場や狭い道路の角などでは、いろいろな自動車の衝突防止の工夫が見られ、中には釘や有刺鉄線など、むしろ腹いせのようなものも散見される（図ー3）。

大面
出隅として常識的な納まり

R

アングル材
鋼材では塗装が剥げて錆が出る

ステンレス製
丸パイプを
4分割

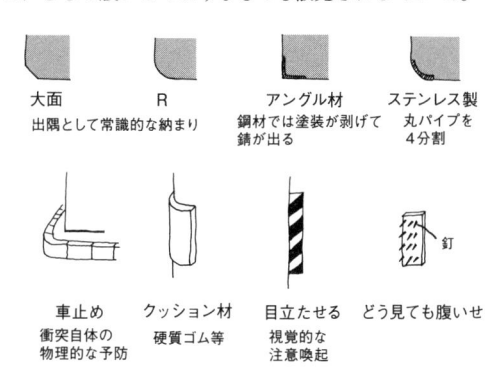

図ー3：自動車がぶつかる
出隅の対策

車止め
衝突自体の
物理的な予防

クッション材
硬質ゴム等

目立たせる
視覚的な
注意喚起

どう見ても腹いせ

釘

まつわる話

原則はあくまで原則

　こうした原則はあくまで原則であって、例外は必ずある。物が当たる可能性がない場所では補強不要とする考えもあり得る。また、特に精度よく施工することを前提とすれば、出隅に面を取らないディテールもあり得る。ただし、原則を無視するにはそれなりの設計者の知識と施工精度等の条件が必要である。

　あえて出隅をピン角にしたデザインの建物で、コンクリート打設時に型枠に散水したら吸水して寸法誤差が出たので、いったん組み立てた型枠を（つまり鉄筋も）解体して、堰板を1mmずつ削って組み立て直したという例が実際にあったが、よほどの好条件が揃ったために実現した稀なケースであろう。この例では、仕上げ材の目地間隔も300mmや455mm等の常識的なものではなく、敷地寸法から割り出した、言わば「半端な」寸法であった。またこの設計者は、設置義務のある非常口サインを「個人所有の施設だからそんなものは要らん、みっともないから取ってしまえ」と命じたそうだが、結末がどうなったかは不明（建設後30数年を経てから写真を撮ろうと思って現地を見に行ったのだが、この私設美術館は建物自体すでに存在しなかった）。

40 何事も程度問題

軒下の鋼板の錆

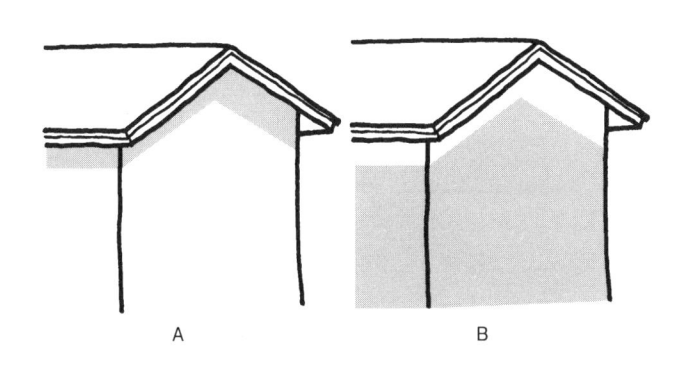

A   B

問題

図は、山村と漁村で見られる鋼板張り外面壁の錆の状況である。どちらが山村でどちらが漁村か、その理由も添えて答えよ。

- 壁
- 鋼板張り壁
- 経年劣化
- 正解探し

! 解答

　亜鉛めっき波板や木目鋼板スパンドルは、今や時代遅れの感もあるが、地方を旅行すると、かなり年季が入った鋼板張りの壁を見掛ける。

　軒下は雨が掛かりにくいので、一般地では雨が掛かる部分のほうが錆びやすい。一方、海岸沿いでは、海水の飛沫で鋼板は錆びやすいが、雨が掛かる部分は洗い流されるため、軒下部分よりも錆の進行が遅れる。したがって、軒下が錆びているように見えるほう「A」が漁村で、軒下が錆びていないほう「B」が山村、というのが答。ただし場所・材料・経年数など条件はさまざまだから、むろん例外はある（**図−1**）。

塩害で錆びる

雨が掛からない

塩分は雨水で洗い流される

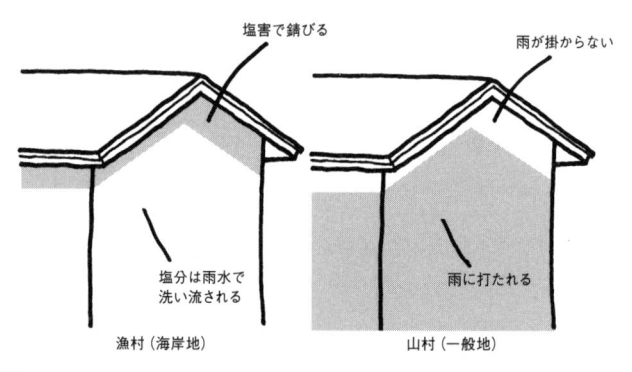

雨に打たれる

漁村（海岸地）　　　　　　　　　山村（一般地）

図−1：解答

解説

錆の程度まで見ると

　錆・汚れ・白亜化など、連続的に進行する面的に広がった劣化については、その劣化の程度は周囲との比較で認識される。上記の両者は、そもそも立地が異なるので、並べて比較できる状況はあり得ず、あくまでそれぞれの壁面の中での相対的な比較であって、絶対的な比較ではない。実際にサンプルを採取して並べてみれば、海岸地の一般壁面（錆が少ない）よりも、一般地の一般壁面（錆が多い）のほうが、錆は少ないはずである（**図−2**）。

漁村（海岸地）　　　　　　　　　山村（一般地）

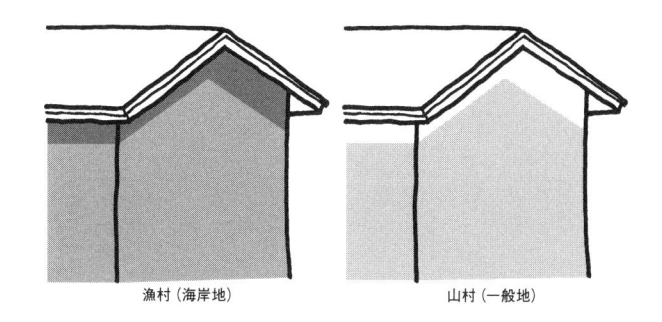

図－2：実際に錆の程度を比較すれば

　昨今では外面壁の乾式構法化が進んでいるが、窯業系サイディングの普及や、金属板の防錆技術の進化によって、こうした錆を見る機会は少なくなった。

雨による自然洗浄

　ガラス窓の汚れは目立つのでしばしば清掃するが、それ以外の壁面・屋根面については、通常は掃除しないことが前提で、すなわち「汚れてもよいように」設計しておくのが一般的である。これについては、No.37「見えないものは無いのと同じ」に書いた（天窓は二重、内側は半透明にして汚れを見せない）とおりである。

　特に雨が掛からない上向き面は、自然清掃されないため汚れが溜まる一方である。軒下に位置する横軸回転窓が、故障等で開放位置のままに放置されると、埃が溜まって不透明になってしまう。またわずかでも上向き面があれば、必ず汚れが溜まり、雨が掛かれば壁面に黒い汚れが付着してしまう。

まつわる話

太陽エネルギー利用と汚れ

　太陽光発電が普及しているが、むしろオイルショック時代に流行した太陽熱温水器のほうが簡易な省エネルギーであり、効率も良いという見直し説もある。屋根の上の受光パネルは、当然ながら汚れ、またそれによって集熱効率は低下する。しかし定期的に傾斜した屋根面に登って清掃するのは現実的ではないので、清掃はしないことを前提で設計しておく必要がある。通常の気象条件では、汚れは雨で洗い流されるため、受光効率は1割程度しか低下しないと言われている。

　オイルショック後の省エネルギー時代には、太陽熱冷房の試みもあった。吸収式冷凍機を運転するには、太陽熱で得られる温度ではぎりぎりなので、高温の温水を得るために蓄熱槽を何段かに分けるなどの工夫が必要だったようである。結局、実験住宅でしか実現していない。その実験住宅を設計した先生は、自ら屋根に登って集熱器を掃除するという話であった。そんな危険な行為は実験住宅ならではであり、一般的ではない。その先生も滑落寸前の目に遭われたようだ。

41 見えない箇所の開口部

布基礎の床下換気口

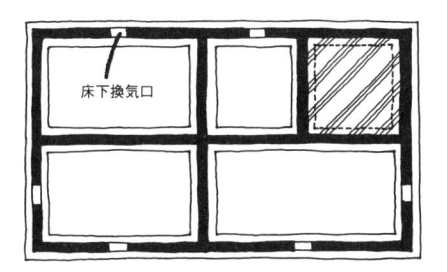

問題

図に示す木造住宅の基礎伏図における床下換気口の配置で、通常の条件で考えられる問題点を指摘し、改善案を示せ。

- 床・基礎
- 床下換気口
- 経年劣化
- 間違い探し

解答

木造住宅の布基礎には、床下の通気を確保するために換気口を設ける必要がある。通風によって床下の湿気を除去することが目的だから、風通しを確保するように配置し、内部を仕切る布基礎にも換気口が必要である。なお、内部の基礎には、作業通路になる大きめの開口も必要に応じて設けておく（図−1）。

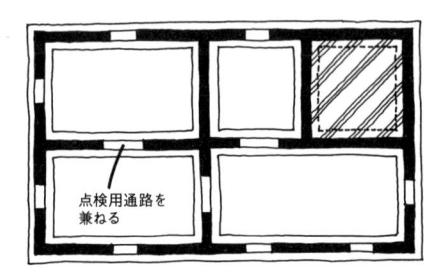

図−1：布基礎の床下換気口
通風経路を十分に確保する。中間の布基礎には点検用通路。

（図中：点検用通路を兼ねる）

解説

法的な規定

築基準法施行令22条には「外壁の床下部分には、壁の長さ5m以下ごとに、面積300cm²以上の換気口を設け、これにねずみの侵入を防ぐための設備をすること」と規定されている。また住宅性能表示制度（等級によって）や旧住宅金融公庫の仕様書では、換気口の間隔は4m以内とされている。内部の布基礎については法的な規定は見つからない（旧公庫仕様書には記述がある）が、在来構法の木造住宅では内部にはあまり布基礎を設けなかったことの名残であろうか。

基礎の切欠き

木造住宅の布基礎が無筋でよい時代もあったが、現在ではRC造であるから、換気口部分で上端鉄筋を通すためには、布基礎の中間に穴をあけたいところであ

る。しかし基礎の立上がり寸法は、コストや斜線制限などの理由で低くなりがちであり、一般には布基礎上部を切り欠く形になる (図−2)。

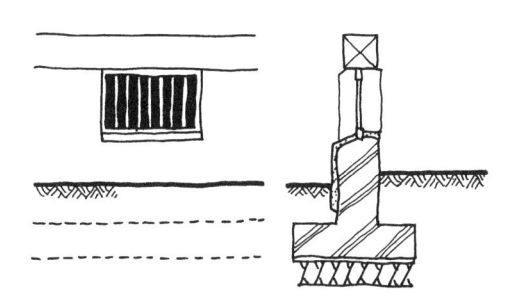

図−2：一般的な床下換気口
基礎の立上がり寸法の関係から、基礎上部を切り欠いた形になるのが普通。

変化する在来構法

在来構法も変化している。金物に全面依存した軸組の接合部、床や壁に厚い合板を用いる構造、べた基礎、金属やプラスチックの床束などが代表的な要素技術だが、床下換気についても、布基礎に切り欠きを設けるのではなく、基礎と土台の間にパッキン（ねこ）を挟んで全周で換気を確保する構法が普及している(図−3)。

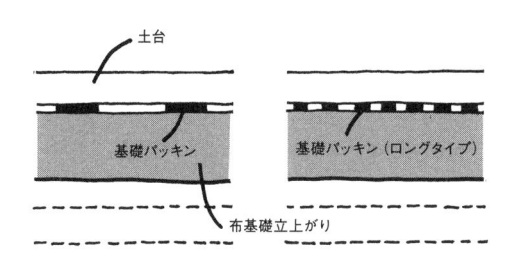

図−3：ねこ土台
基礎の全周にわたって隙間（75cm²/m以上）を設ける。

まつわる話

床下換気口余談
　プレファブ住宅の外観は在来構法とほとんど違いがなくなり、どのメーカーの住宅なのかもわかりにくい。自動車にはメーカー名が堂々と表示されているが、住宅にはまずそんな表示はない。しかし床下換気口には、住宅メーカーのロゴマークが入っている場合が多いので、さりげなくそれを見ておいて、後であまり特徴のなさそうな壁などを見上げながら、「ああ、これは○○社の住宅ですね」などと言えば、「さすが建築のご専門」と感心される、かもしれない（No.17「支えてくれる相手が欲しい」参照）。

VII
階段

42	**暗算信用するなかれ** 階段の寸法設計
43	**まず無より始めよ** 階段の上り口
44	**つかまるか、もたれるか** 吹抜けと階段の手摺
45	**任意の高さに固定せよ** 螺旋階段をワイヤで吊る

42 暗算信用するなかれ

階段の寸法設計

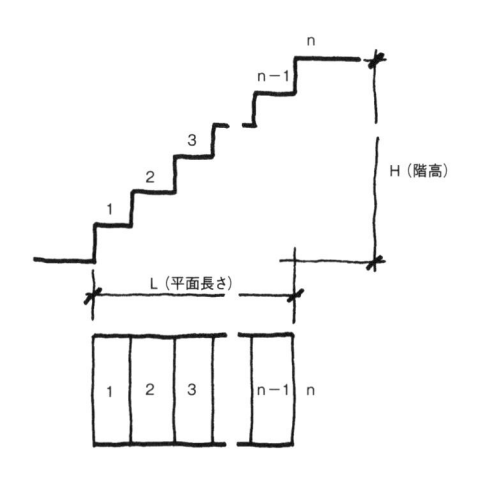

問題
階高と平面の長さに合わせて、階段の蹴上・踏面の寸法を決める方法を示せ。

- 階段
- 各部寸法
- 構法の成立
- 設計問題

解答

階段の蹴上（riser）と踏面（tread）の寸法を決める方法として、通常「2R＋T＝60〜65（幼児：57）cm」が使われている。「蹴上寸法（R）の2倍と踏面寸法（T）の合計値を通常の歩幅に合わせる」という式であり、勾配が緩くなれば蹴上を少なく踏面を大きくすることになる。

解説

一般的な勾配だけ覚えても

通常のビル建築で使う階段の勾配は30〜35°ぐらいなので、わざわざ計算しなくても標準的な寸法を覚えておけばよい、と教えている場合もある。しかしこれでは、通常の勾配から外れた場合の設計はできない。この原則を無視して、緩い勾配の所でも踏面を標準と同じ寸法にしたと思われる階段がある。上りは1段おきに上ればよいが、下りはそうもいかず実に歩きにくい。

各種の計算式

踏面と蹴上の関係については、上記の他にも、
$2R + T = 60〜65$、 $R + T = 43〜45$、 $R × T = 450〜500$、
$R^2 + T^2 = (歩幅)^2$, $R/T = \tan 8(R-3)°$、
$T = 5 + \sqrt{7(9-R)^2 + 9}$, $R = 9 - (\sqrt{(1/7)(T-8)(T-2)}$、$T - R = 12$, $T = 2R$
など、いろいろな式（単位：cm、70年ぐらい前の式も）があるが、実際には「2R＋T＝63」だけ覚えておけばよい。

なぜ「2R＋T」かという理由は、40年以上前の大学の授業で「1歩の歩幅を一定に、上りは平地より力が要るから2倍」と習った気がするが、正確な記憶ではない。各種の式の根拠は、最も楽に昇降できるもの（代謝量）や、最も自然に昇降できるもの（感覚）を求める実験と思われる。この場合の「感覚」は1歩の歩幅、正確には「歩幅感覚」であろう。近年の建築人間工学研究では、歩幅感覚が「太ももの上げ角度」で説明できることが示唆されているようである。

なお、この場合の前提として、部位名称と寸法名称を正確に区別しておく必要がある。階段の場合、部位名称と寸法名称で示す範囲が異なるので要注意**(図-1)**。

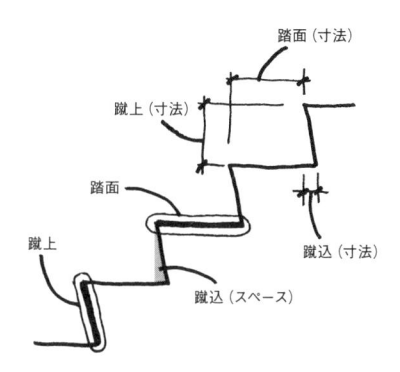

図−1:部位名称と寸法名称

計算には表を使う

原理はわかったとして、問題はその計算方法である。階高をH、平面長さをL、段数をNとすれば、R=H/N、T=L/(N-1) になる（T=L/Nではない点に注意）。これを上記の式に代入して計算すればよいのだが、通常の解の公式で求めようとするとうまく答が出ず、苦労することが多い。試験問題に出すと、解答用紙いっぱいに計算したあげく破綻してしまう例が毎回見られる。

そこで、表−1のような計算表を作ることを勧めている。常識的に予想される段数を設定し、その前後の段数について蹴上・踏面寸法を計算して、2R＋Tが63cmに一番近くなる段数を求めればよい。

こうした計算表を作ることで、思い違いや計算ミスを未然に防止することが可能になる。この例では、面倒でもN-1や2Rの欄まで作っておくほうがよい。あらゆる計算処理において、処理過程に「暗算を介入させない書式」にしておくことが、ミスをなくす上での絶対原則である。

表：H=4,000、L=3,000 の場合 （単位：mm）

N	N−1	R 4,000/N	2R	T 3,000/(N−1)	2R+T	判定	設計値
16	15	250	500	200	700	×	
17	16	235	470	188	658	△	N=１８段
18	17	222	444	176	620	○	R=２２２.２
19	18	211	422	167	589	×	T=１７６.５
20	もう計算は不要					×	

表−1:暗算を介入させない計算表

まつわる話

仮説なき回帰式

　いろいろな計算式があったわけだが、こうした式は、いろいろな寸法の階段を作って、被験者に昇降させた実験結果から求めた回帰式であろう。しかし結果をプロットしたあとは、どのような仮説を想定するかによって、いろいろな回帰式があり得る。単に「一番よく合う式」というだけで理屈もなしに多次元多項式を当てはめて、「合った、合った」といっている例を見ることがあるが、これでは論理の欠落である。当てはめる近似式の次数や、対数を使うべきかどうか等、それがどのような仮説にもとづいたものであるかを示す必要がある。上記の各種の式についても、今となってはどんな仮説に準拠したのかは不明（ご存じの方はご一報いただきたい）。

43 まず無より始めよ

階段の上り口

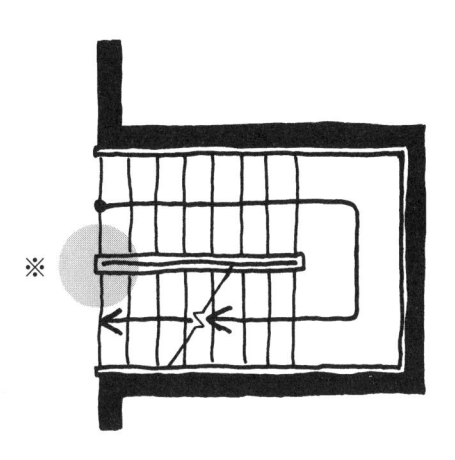

問題

図のような平面の階段で、折返し部分(図中※)の手摺に起こる問題点を指摘し、その解決方法を述べよ。

- 階段
- 手摺高さ
- 構法の成立
- 問題点と対策

解答

階段の上り口と下り口を問題図のように揃えている設計（業界用語で「だんぞろ」と言うらしい）は、ごく普通に見られるが、このようにすると、上り階段と下り階段の手摺高さがここで1段ずれる（図-1）。手摺が連続するデザインの場合、高さの差を解決する必要がある。

上り階段の開始位置を1段ずらせるのが理論的には正解であり、そういう設計も無論あるが、現実には、手摺の高さのずれを何とかして吸収するディテールになっている例が多い。

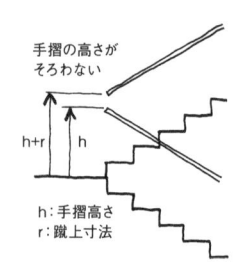

図-1：解答

解説

階段の0段目

こうした「ずれ」が生ずる原理は、手摺高さは段鼻の位置で決まるため、このようなプランにすると、上り階段は開始位置が1段目、下り階段は開始位置が0段目になるためである。0段目の位置を揃えれば、上下の階段の開始位置が揃うから、手摺をそのまま折り返して連続させても「ずれ」の問題は生じない（図-2）。

この場合、0段目の位置にノンスリップだけを設置したり、側桁を床面まで延長したりする設計もある。ただし、下りてきた場合の最後の1歩は、歩幅が若干広くなる傾向もあるので、ノンスリップは耐磨耗効果というより、むしろ「ここから階段ですよ」という設計者の意志表示かもしれない（写真-1）。

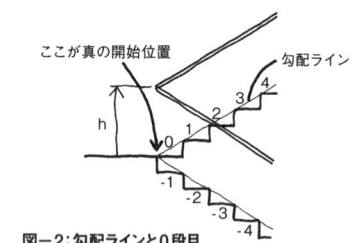

図-2：勾配ラインと0段目

写真-1：0段目のノンスリップ
0段目にもノンスリップだけがある。なお、吹抜けと階段とで手摺高さを変えている。

手摺高さのずれの解決方法

0段目を設けない場合の現実的な解決方法としては、①下からきた手摺を水平に延長して調整する、②上下とも半分ずつ延ばす（いわば中間選択）、③折返し部分を螺旋形にしたり踊り場の水平部を斜めにしたりする、④上下の手摺を連続させない、⑤上下の階段の開始位置を逆に1段ずらす（**写真−2**）、⑥開始位置を大きくずらす、などの方法がある（図−3）。

写真−2：上方の階段を1段出した例（東京電機大学）

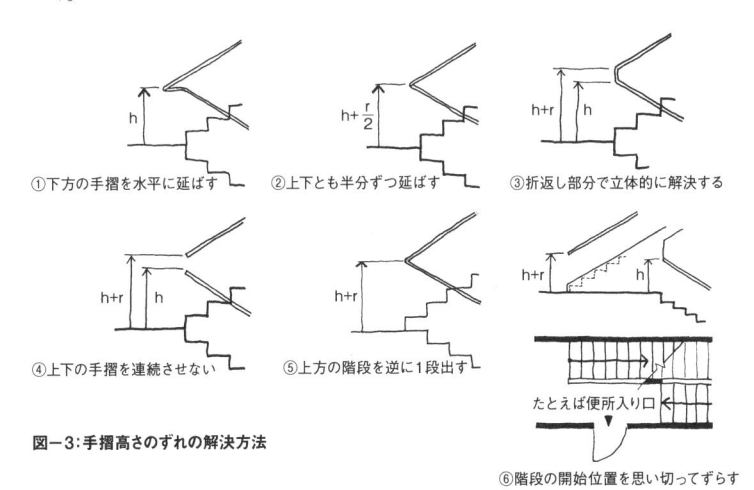

①下方の手摺を水平に延ばす

②上下とも半分ずつ延ばす

③折返し部分で立体的に解決する

④上下の手摺を連続させない

⑤上方の階段を逆に1段出す

⑥階段の開始位置を思い切ってずらす

図−3：手摺高さのずれの解決方法

螺旋階段の内側

螺旋階段と回り階段の違いは、踏面の内側の半径であり、それが0のものが螺旋階段である。したがって、螺旋階段の回転中心は鉛直になるから、この部分で足を踏み外すと数段落下する危険がある。折返し階段でも、踊り場部分に螺旋階段の要素が入る場合があり、さらに折れ階段の踊り場でも、0段目がない場合はやはり同様の問題が起こる。

まつわる話

仮設現場小屋・東西の違い

　ベルリンのポツダム広場は、今では多くの建物が建ち、まさに都心の様相だが、1996年に見に行った時には、現在も保存されている古い建物が1つポツンと残っている以外は、一面が工事中だった。そこには、再開発プロジェクトのプレゼンテーションのために設けられた仮設の「インフォボックス」が建っていた。その階段は仮設現場小屋用のものだが、正しく0段目があった(**写真－3**)。一方、わが国の工事現場で見た仮設事務所の階段は、0段目がないため、手摺の部分が妙な納まりになっていた(**写真－4**)。いかにもドイツ人は理屈っぽい、といった印象。

写真－4：仮設階段・日本の例
さいたまスーパーアリーナの現場小屋の階段。0段目がない(1999)。

写真－3：仮設階段・ドイツの例
工事中のポツダム広場にあった仮設建築「インフォボックス」の階段。0段目がある(1996)。

44 つかまるか、もたれるか

吹抜けと階段の手摺

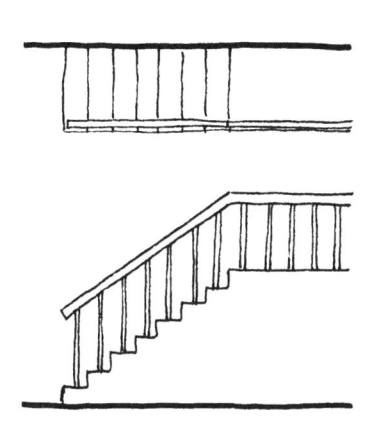

問題

吹抜けに面した階へ上がる階段に図のような手摺を設けた場合に、通常の条件で考えられる問題点を指摘し、改善案を示せ。

- 階段
- 階段の手摺
- 安全快適性
- 問題点と対策

解答

手摺高さを階段に合わせると、吹抜け部分の転落防止用の手摺としては高さが不足する。逆に吹抜けの水平部分に合わせると、階段の昇降補助のための手摺としては高すぎる。したがって、斜め部分と水平部分とでは、違う高さの手摺を設ける必要がある(図-1)。

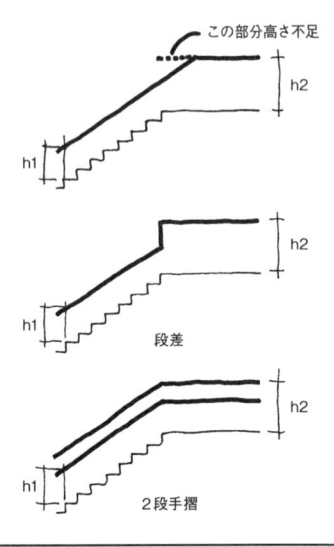

図-1：手摺高さの差の処理

解説

手摺高さの違いの処理

階段の手摺を単純に延長したのでは、一部で高さが不足する。したがって、階段の傾斜部分が終わったところで段差が付くことになる。現行法規の適用前に建てられた建物では、吹抜けに面する踊り場の手摺高さを階段に合わせたものがあるが、この場合、後から手摺を嵩上げしてある(写真-1)。

写真-1：嵩上げした手摺
東京理科大学九段校舎(旧・日本住宅公団ビル)の階段手摺高さは約76㎝、踊り場の折返し部分は上り始めの段差調整で半段上げて約85㎝、最上階の吹抜け部も同じ高さだが、その上に30㎝嵩上げしてある。

昇降用と転落防止で機能を分けて、手摺を2段にする設計例がしばしば見られるが、階段の手摺も転落防止のための高さを確保すべきだという思想に基づけば、こういうデザインしか可能性がなくなってしまう。安全性はむろん重要だが、がんじがらめに設計の自由度を規制するのは考えものである。

　なお、昇降補助のためには、身長や姿勢に合わせた高さが必要であり、横断歩道橋（交通安全を標榜して多く建設されたが、バリアフリー時代になって、いつの間にか撤去されている例がある）や駅の階段などでは、幼児や老人のための低い手摺を併設した2段手摺が見られる。

階段の手摺高さ

　階段の手摺高さは建築基準法では規定されていないが、建設業附属寄宿舎規定（No.47「押してだめなら引いてみよ」にも登場）で75cm以上85cm以下とされている。バリアフリーのために廊下などに設ける歩行補助用手摺は、一般に75～80cm（腰骨の高さ）とされていることからも、この階段手摺の規定が昇降補助を目的としたものであることがわかる。公務員宿舎などには廊下も階段も同じ1,200mmとする規定があるが、昇降用の手摺としては明らかに高すぎる。

　ただし、階段上に立ち止まって身を乗り出したりすれば、水平な手摺より危険であることは事実である。つまり、階段手摺には側方への転落防止より昇降補助の機能が優先されているわけである。

吹抜け部分の手摺高さ

　避難経路の屋上広場と2階以上のバルコニーの手摺高さは、1.1m以上（建築基準法施行令126条1項・屋上広場等）と規定されている。避難施設等に関する規定の一部だが、避難経路に限らず適用され、屋内の吹抜けに面する手摺にも一般にはこの値が準用される。

　これは立った姿勢の重心高さに基づく値だが、平均的に日本人より身長が高いアメリカでも3フィート6インチ(1,067mm)という規定がある。また劇場のバルコニー席の前など、高さが確保できない箇所では、幅で補う設計もある。

まつわる話

手摺を嵩上げしない場合も

　近年では文化財建築の保存・活用例が多いが、オリジナルの設計では吹抜けに面する踊り場の手摺の高さが階段と同じ高さという例が多い。この場合、透明なプラスチックや強化ガラスの柵を「見えないことにして」付加したり、新たな手摺を付加する例がほとんどである。オリジナルにマッチする設計にすべきなのは当然であり、元設計者が存命の場合にその意図に従った例もあるが、中にはあからさまに「取って付けた」ようなひどいデザインもある。

　オリジナルの手摺をそのまま保存し、転落防止については立入禁止の柵を置くことで対処している例もあるが、これも一つの見識であろう。法規違反だなどと騒ぎ出す者が出てこないことを祈る**（写真−2）**。

写真−2：手摺を嵩上げしていない例
立入り禁止柵によって、吹抜けに面したオリジナルの低い手摺のデザインの保存と、転落防止措置とを両立させた例。旧栃木県庁舎（現・昭和館）。

45 任意の高さに固定せよ

螺旋階段をワイヤで吊る

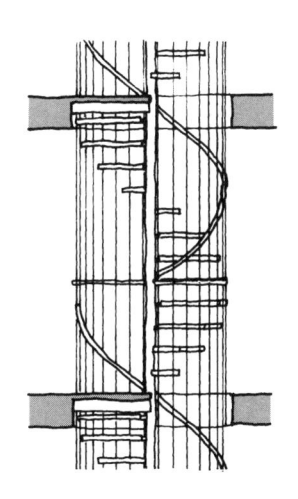

問題

螺旋階段の段板取付けディテールに関する設計課題である。図のような数階連続の螺旋階段で、上下端が固定されたワイヤロープの途中の自由な位置に、木製の段板を固定するディテールを考えよ。

- 階段
- 吊り階段
- 構造強度
- 設計問題

! 解答

　吊り材のワイヤロープは長く、上下端は固定されているから、途中で継いだり、段板や金物を貫通させることは不可能である。したがって、2分割の金物で吊りロープを挟んで摩擦で固定するディテールが考えられる。また段板にはワイヤを通せないので、段板とは側面から接合することになる。

　木製の段板は、金属同士の場合のような狭い面積での接合は無理であり、一定以上の面積で支持する必要がある。具体的には、ある程度の太さの金物を段板に埋め込むディテールが考えられる。この金物を木部に取り付けるには木ねじを使うことになるが、木ねじはあくまで金物の脱落防止のためであり、段板の荷重を支持するために使うものではない。

　以上の条件を考慮すると、たとえば図-1のようなディテールが可能である。段板は中心軸（鋼管）に熔接されたTバーと、円周部分の固定金物（吊りロープを挟む）で支持されている。ロープは段板1枚につき2か所として、捩れ力に対抗している。なお手摺も、類似の金物でロープを挟んで固定している。

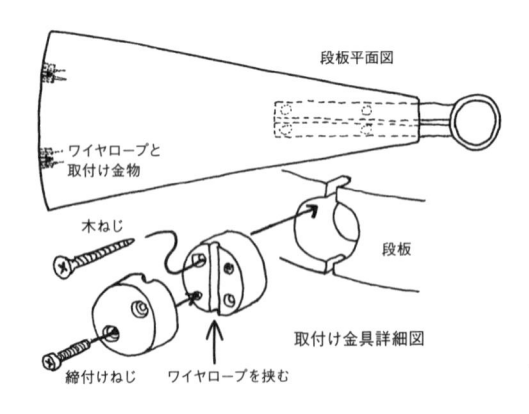

図-1：解答例
（ロンドンの家具店、設計：Robin Day & Peter Moro、「Stahltreppen」S.141）

解説

吊り材の途中に段板を固定する方法

　大きな螺旋階段をワイヤロープで吊った例では、重量があるので吊り材の中間で摩擦で止めるのは無理なため、吊りロープを吊金物の上下で区切って、それぞれに緊張用のターンバックルを設けている（図-2）。

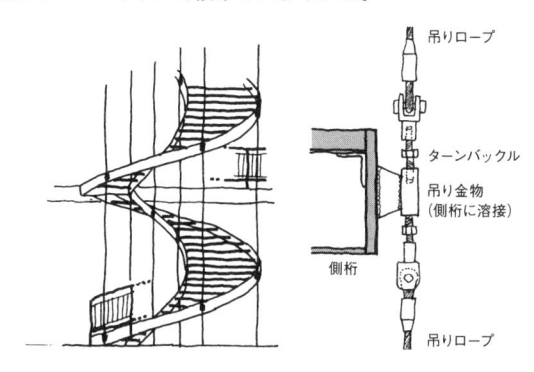

図-2：吊り材を分割した例
（ブリュッセルの博覧会パビリオン、設計：Charles B. Greenberg、「Treppen」、S.131）

　1階分を上る階段で、1枚か2枚の段板だけを吊る場合には、吊り材は短くてよいため段板を貫通させることが可能である。ワイヤではなく棒材の使用が可能であり、中間に金物を熔接したり、端部にねじ切りするなどの加工が可能である（図-3）。

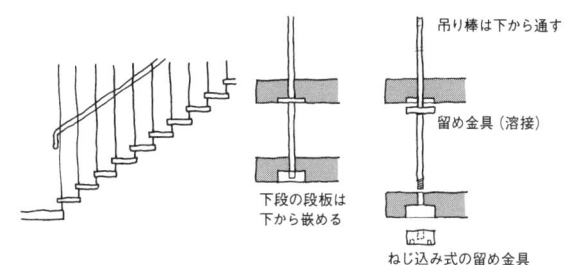

図-3：短い吊り材の場合
（ロンドンの庁舎建築、設計：Leonard Manasseh、「Stahltreppen」、S.99）

まつわる話

設計例の出典

　解答例のディテールは、「Stahltreppen」(Kurt Hoffmann、Helga Griese著、Jurius Hoffmann社、Stuttgart）に掲載されていたもの。この本はいくつかの版が手許にあるが、この設計例は1969年刊行の版以後に掲載されているので、かなり古いものだが、今でも立派に通用するディテールである。

　また参考に引用したディテールは、上記の他に同じ出版社の「Treppen」(Franz Schulster著、1970年刊)も参照した。これも上記の本と同様に、内容豊富な階段の基本書である。

　こうした階段設計に関する本は、その後あまり見ていない。ビル建築の上下動線ではエレベータ・エスカレータが主体となり、階段は法規上必要な避難階段だけになって、住宅以外では設計者が階段のデザインに腕を振るう機会が減ったから、というのは言い過ぎか。

VIII
ドア・開口部

46	引くに引けない場合でも 玄関の内開きドア
47	押してだめなら引いてみよ 屋上ドアの開き勝手
48	通れども通さず 回転ドアと風除室
49	こする場合とぶつかる場合 開口部の気密確保
50	同じ「把手を捻る」でも ドアノブとレバーハンドル
51	枠組みからの脱却 玄関ドアの蝶番
52	あくまでもフラットに フラットな引込み戸のディテール

46 引くに引けない場合でも
玄関の内開きドア

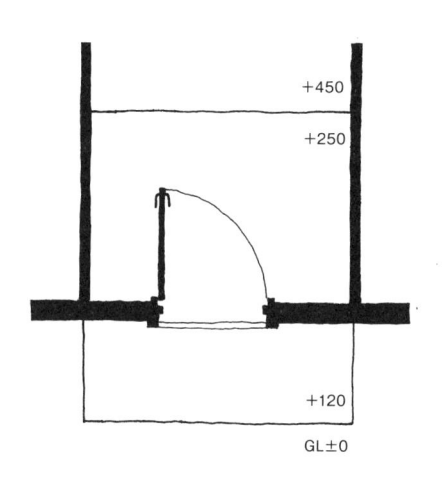

+450
+250
+120
GL±0

問題
わが国の通常の条件で、住宅の玄関ドアを内開きにした場合に考えられる問題点を指摘し、改善案を示せ。

- 出入口
- 玄関ドア
- 操作性
- 問題点と対策

> ! 解答

　昨今の都市部では、道路舗装の普及で靴底の泥はあまり問題にならないが、傘からは雨水が垂れる。また床の掃除は必要であり、戸建て住宅ではその際に水を流すこともある。その場合、床面には水勾配（一般には外向き）が必要であり、内開きドアでは床に当たってしまう。

　わが国の玄関では、一般に外用の履物を脱ぐ。玄関スペースには脱いだ靴が置かれるほか、傘立ても必須アイテムである。内開きでは、こうした物品の存在がドア開閉の邪魔になる。逆にドアが邪魔で下駄箱が開けにくい場合もあろう。

解説

水勾配

　現代の集合住宅では、玄関床はせいぜい拭き掃除までで、水は流さないことが前提となっているが、戸建て住宅では水を流す場合（打ち水）もあろう。内開き戸が床面をこすってしまうことの対策としては、グラヴィティ・ヒンジを用いて、戸を開くと迫（せ）り上がるようにしておく方法がある。下枠がなければ何らかの気密の手段も必要である（**図−1**）。

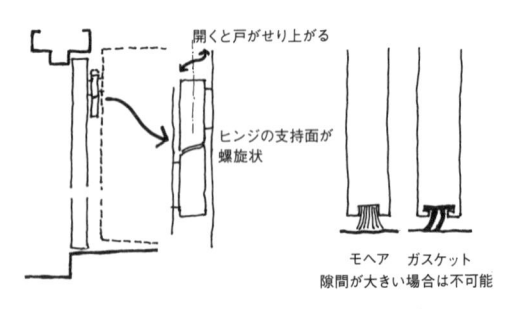

図−1：床に当たることへの対策　　グラヴィティ・ヒンジ　　　隙間を塞ぐ

（開くと戸がせり上がる／ヒンジの支持面が螺旋状／モヘア　ガスケット　隙間が大きい場合は不可能）

　外へ垂れ流しにしない方向へ水を流す場合には、室内に排水口が必要である。排水目皿が目障りという場合は、床の隅の仕上げ（石やタイル）が外れるようにしておく工夫もある（**図−2**）。

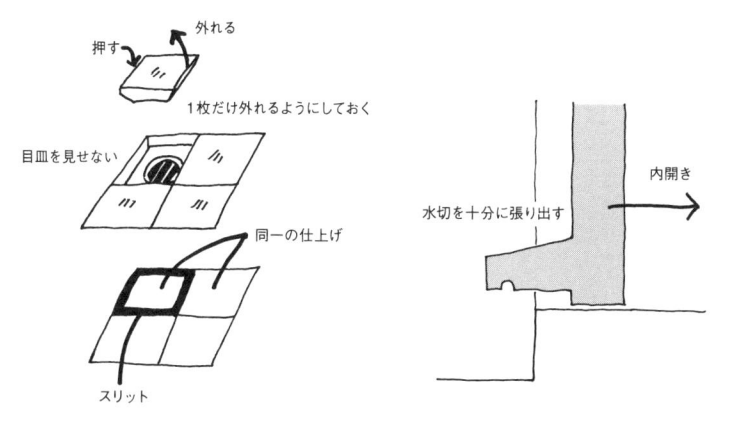

図-2：排水口の隠蔽

図-3：内開き戸の雨仕舞

内開き戸の雨仕舞

　雨の多いわが国では、玄関に限らず開口部全般に雨仕舞性能が要求される。外開き戸では羽重ねの原則を守ることは容易だが、内開き戸で雨水を室内に入れないためには、大きく外へ張り出した水切など、それなりのディテールにしておかねばならない（図-3）。

収納スペース

　わが国の玄関は、屋外と室内を明確に区切る境界部分であり、どちらかでしか使わない物を置くスペースでもある。屋外と屋内では履物の条件が異なり、玄関では外用の履物を脱ぎ、室内履きを用いる場合はこれも玄関に置かねばならない。また傘・外套・帽子など、屋外でしか使わない衣服・物品、室内には持ち込まない物(掃除用具、ゴルフバッグやスキーなどのスポーツ用品、ベビーカー等)が、一時的あるいは恒常的に玄関に置かれる。

セキュリティー

　セキュリティーの面からは、内開きのほうが有利とされる。建具金物が露出しないこと、破錠されても内側から戸を守ることが可能などがその理由。なお、避難経路の場合や、狭い便所からの救出など、外開きが必須となる場合もある。

まつわる話

内開きでこそ成り立つ戸口のドラマ

　外国映画(この場合、「外国」とは西洋を意味する)では、玄関ドアは内開きでなければとうてい成立しないシーンがある。誰も祝ってくれない誕生日に玄関でノックの音がするから開けたら真っ赤な薔薇の花束を持った彼、凍えるような冬の夜に外から帰って内側からドアを押して閉めて暖かい室内でほっと一息、等のシーンは内開きが前提である。彼が「今日は泊めてくれ」、彼女は(涙を堪えて)「だめよ(今日は)帰って」という状況も、ドアを押し合うべきであり、ノブを引き合ったのではサマにならない。花嫁を抱き上げたまま玄関ドアを蹴って入ってベッドへ直行というシーン(掠奪婚の名残か)も、玄関先でモソモソと靴を脱いだりドアを引いて開閉したのでは、成り立たない。このように、玄関ドアというものは、そもそも内開きが前提なのである(図-4)。

図-4：内開きでこそ成り立つ戸口のドラマ

「玄関は内開きとすべきであり、外開きでは訪問者を迎え入れるべきところを突き飛ばすことになる」とは大正時代、建築家・山本拙郎の説。ところで、わが国の話だそうだが、某建築家が同僚宅を訪ねた際に玄関ドアが外開きだったのでそのまま帰って、以後つきあわなかったという話を聞いたことがあるが、これって実話ですかね。

47 押してだめなら引いてみよ
屋上ドアの開き勝手

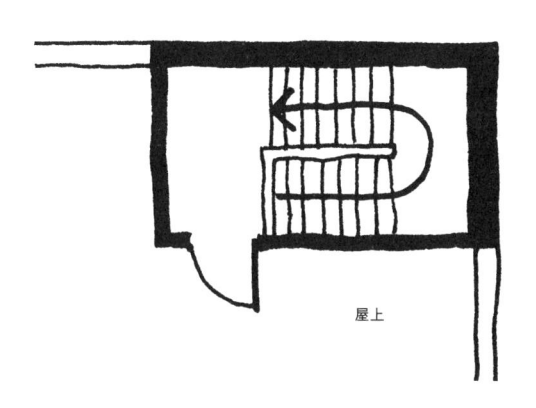

屋上

問題
屋上へ出るドアを外開きにした場合に予想される問題点を指摘し、改善案を示せ。

- 出入口
- 屋上ドア
- 操作性
- 問題点と対策

解答

屋上へ出るドアが外開きの場合、風に煽られてヒンジや煽り止めが壊れる場合がある。対策としては、開閉方式を内開きか引き戸にする、煽り止め(アームストッパー)やドアクローザなどの金物に十分な強度を持たせる、プラン上で風に煽られないような工夫をする、などがあげられる(図-1)。

積雪地の場合は、急に多くの積雪があった場合、外開きではドアが開かなくなるおそれがある。避難経路であれば塞がっては危険であり、除雪を前提とした積雪荷重で設計した場合は、除雪ができず危険である。外開きにせざるを得ない場合でも、屋上面からの立上がり高さの確保や、吹溜まりを回避する工夫が必要である(図-2)。

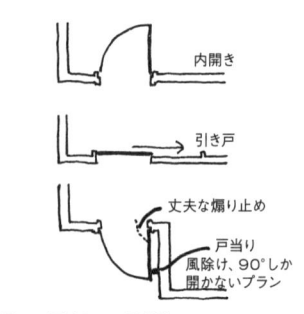

図-1:屋上ドアの風対策

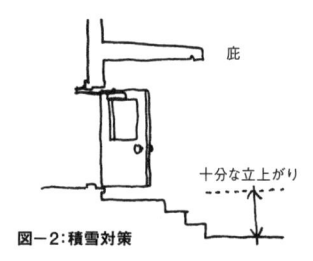

図-2:積雪対策

解説

風によるヒンジの破損

ドアが風に煽られた場合、壁厚のためにてこの作用でヒンジに無理な力がかかって変形し、ドアが閉らなくなることがある(図-3)。アームストッパーや戸当たりなどの金物も、自体の強度や取付け方に万全を期しておかないと、簡単に変形や破損を起こしてしまう。

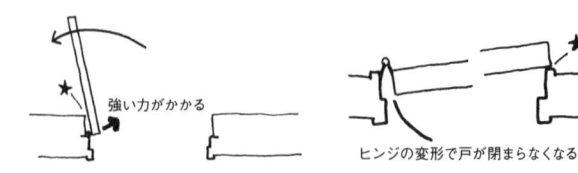

図-3:風による被害

積雪地の開閉方式

　寒冷地・積雪地では、引き戸では凍結するおそれがある。冬の山小舎で、玄関引き戸が凍り付いて開かなくなったので、ピッケルで氷を割っているのを見たことが一度ならずある。ちなみに、積雪地では雨戸がないのが普通だが、外に雨戸があったら、いったん凍結したらそれこそ春まで開かなくなる。

　積雪深度以上に床レベルを上げておくことは積雪地の建築では常識だが、昨今のバリアフリー設計とは矛盾する。雪国の電話ボックスには数段の階段の上に設けられた例があり、それを見るとその土地の積雪深度がわかる（図－4）。

図－4：積雪地の電話ボックス

開閉方式と避難方向

　避難経路のドアの開き勝手と避難方向との関係については、防災設計の面からは避難方向へ開くことは常識である。上記の対策で内開き戸にすると、屋上が避難経路になっている場合は、この原則に反する。

　法的には、直通階段の避難階への出口、自閉式の階段室ドア、劇場等の興業場の客席からの出口や外部への出口などについて、外開きの規定がある（建築基準法施行令）。また寄宿舎に関する規定（建築基準法にない階段手摺高さの規定がここにあることは知る人ぞ知る、No.44「つかまるか、もたれるか」参照）には、出入口は引き戸または外開きとの規定がある（建設業附属寄宿舎規定）。

　一方で、外開き戸には物が置かれると開かなくなるという不都合もある。公衆電話は今や絶滅危惧種となった感があるが、電話ボックスのドアにもこの点が考慮されている。また、内開き戸では雨仕舞が面倒という点もあげておく必要がある（No.46「引くに引けない場合でも」参照）。

まつわる話

電話ボックスのドア

公衆電話ボックスなるものも、今や絶滅危惧種であるが、このドアについては、以下のような変遷があった（**図-5**）。

①丹頂タイプ：鋼製で屋根が赤いため、こう俗称された。自転車等を置かれるとドアが開かなくなることや、トイレ代わりに使われるという問題があったようである。

②中折タイプ：上記の欠点を解消すべく、開閉のために外部スペースを要さない内側への中折れ戸とし、下部まで透明にしたが、開閉操作（特に出る際に手前へ引く）には無理があり、押して出ようとしてとっさに出られずパニックになる事態もあったようである。

③七三タイプ：現行品は、中折れドアを概略2：1の比にしたものであり、開閉時の押し引き操作が感覚的に自然で、必要なスペースも少ない。風圧による開閉力がバランスするという利点もある。

ドアは1枚だがアームの工夫で同種の動作をするドアもあり、アメリカのビルには多く見られる。わが国でも「アームスイングドア」の商品名で売られているが、外部のドアでの採用例は少ないようである（**写真-1**）。

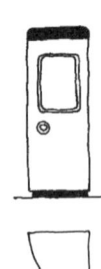

丹頂タイプ
外部に必要なスペースが大。自転車等で開扉不能。トイレ代わりに使われる

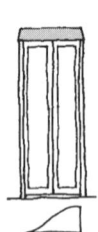

中折タイプ
開閉操作が重い。出る際に、内側へ引く動作が不自然

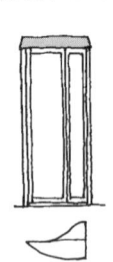

七三タイプ
押し引きの動作は自然。内外のデッドスペースも少ない。風圧の影響が少ない

図-5：電話ボックスのドア

写真-1：アームスイングドア
ドアを中折れとせず、アーム金物で七三中折れと同様の動きをするドアは、アメリカのビルに多く見られる（IIT・クラウンホール。有名建築家の設計になる製図室で学ぶ学生が羨ましい）。

48 通れども通さず
回転ドアと風除室

問題
ホテルの玄関には回転ドアが付き物だが、その理由を考えよ。

- 出入口
- 回転ドア
- 安全快適性
- 構法の理由

解答

当然ながら、外から寒い風が吹き込まないため、すなわち「防風」が目的である。しかしそれでは寒い地域の建物全般についての説明であって、ホテルの説明になっていない。それを理解するには、ホテルは欧米風の住宅と同じ構造と考えればわかりやすい。すなわち、客室は寝室（洋風住宅では浴室もここに付随する）、レストランは食堂、ロビーは居間、に相当するわけである。すなわちロビーは、受付事務等を処理する一時的な場というより、ホテルにおける生活行為の場である。ヨーロッパの冬はわが国より寒い所が多いから、人が出入りしても外気が吹き込まない回転ドアが重宝され、それが現代でもホテルの必須アイテムとなっているわけである。

解説

風除室

ドアを開けても外気が吹き込まないようにするためには、回転ドアのほかに、ドアを二重にする風除室や、エアカーテン等の方法がある。これらの用途としては、冷暖房時の外気の遮断（空調負荷の低減）のほか、厨房等における室内の衛生条件の維持、内外の気圧差への対応などがある。人が連続的に通る場合は、自動ドアでは常時開放状態になってしまうから、エアカーテンを設置することになる。逆に通過頻度が低い場合は、一重のドアでも自動ドアで必ず閉まるようにするだけで、ある程度の効果はある（図ー1）。

単なる自動ドア
通行頻度が低ければ有効

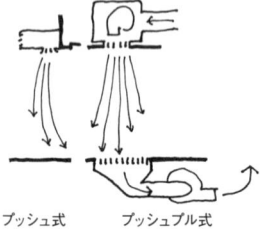

プッシュ式
後付け式の簡易なものもある

プッシュプル式
本格的だがリターン空気のために床下工事が必要

エアカーテン
通行頻度が極端に高いなどドアが閉鎖できない場合

図ー1：回転ドア以外の方法

二重ドアにした場合、2つのドアの間隔を十分確保しておく必要がある。回転ドアの代わりのような円形の風除室もあるが、ドア間の距離が近いと人が通るたびに両方のドアが同時に開いてしまって、風除室の効果は得られない。距離が確保できない場合は、動線を横に曲げるという方法もある。さらに確実性を求める場合にはドアを三重にするという方法もある（**図-2**）。

円軌道の引き戸
（距離不足か？）

ドア間の距離が短いと
同時に開いてしまう

動線を横に振る

長い通路
玄関ホール全体

風除室
ドアを二重にする

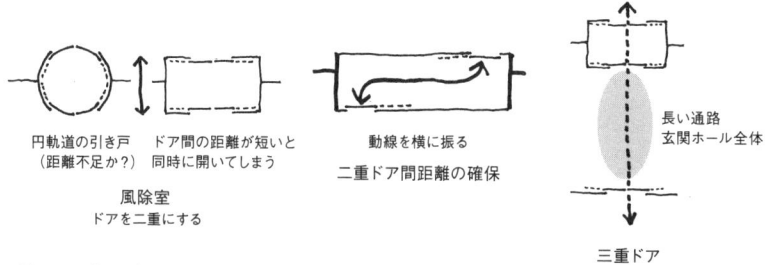

二重ドア間距離の確保

三重ドア

図-2：二重・三重のドアにする

回転ドアの収納方法

　ホテルでは、スーツケースの運搬等のために、回転ドアの脇に普通のドアを設けている場合が多いが、客がそっちばかりを利用して、せっかく設けた回転ドアの風除室効果が台無しになっている例も少なくない（中には回転ドアの前にバリケードを置いているケースもある）。こうなると回転ドアはもはや実用品ではなく、ホテルのステータスの誇示だけになってしまう。

　なお回転ドアでも、大きな荷物を運ぶ等でドアが邪魔な場合は、ドアをたたんで軸を横へずらす機構のものがある（**図-3**）。

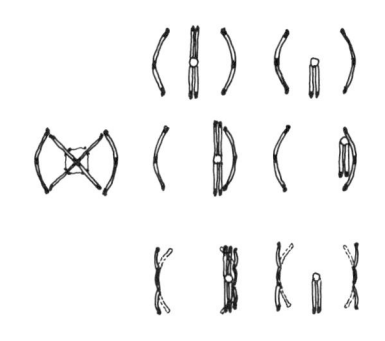

図-3：回転ドアの折たたみ方法
（「構造用教材」旧版から）

まつわる話

東京ドームの非常ドア

　回転ドアは、室内外の気圧差を維持する目的でも使われる。一重膜タイプの空気膜構造（東京ドーム等）では、屋根材の張力を維持する（要するに膨らませておく）ために、当然ながら室内を常時与圧しておく必要がある。つまりいったん建設したら、以後、永久に加圧ファンを運転し続ける運命にある。

　東京ドームにも多数の回転ドアがあるが、試合が終わって観客がいっせいに帰る際には回転ドアでは処理し切れず、係員が回転ドア脇の（気圧差の影響を受けにくいアームスイング式の）外開きドアを開けて人を誘導している。しかしわずかな圧力差（大気圧の1％以下）とはいえ、ドア付近では強い風が吹くから、何も知らずに差し掛かった客は不意に吹き飛ばされるように出てくる。自分がその目に遭った客が今度は面白がってその様子を見ているから、係員が「立ち止まらないで下さ〜い」と叫んでいる**（写真-1）**。

写真-1：東京ドームの非常ドア
回転ドア脇の非常口を開ける係員、吹き飛ばされる客、それを見物する客、それを追い払う係員

49 こする場合とぶつかる場合

開口部の気密確保

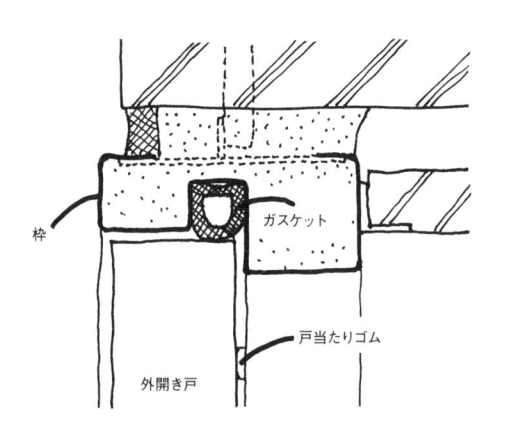

枠
ガスケット
戸当たりゴム
外開き戸

問題

図は、外開きドアの気密性確保のディテールである。通常の条件で考えられる問題点を指摘し、改善案を示せ。

- 窓
- 気密材
- 安全快適性
- 問題点と対策

解答

開口部には戸と枠の隙間が不可避であるが、気密性や防音性を確保するためには、枠と戸の隙間に気密材としてガスケット（ゴム状の弾性材）を設け、戸を閉める際に押し付けることで隙間をなくす。戸が閉まる際には、戸が枠に直角に当たる場合と平行にこすって閉まる場合とがあるが、こすって閉まる箇所にガスケットを用いると、摩擦が邪魔して戸がうまく開閉できなかったり、気密材の変形・摩耗などのおそれがある。したがって問題の図では、ガスケットは戸当たりの面に設けるのが正解（図-1）。

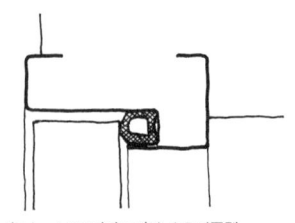

ガスケットには直角に当たるのが原則

図-1：ガスケットの位置

解説

ガスケットの当たり方

上記のように、開き戸に気密性が要求される場合、四周の戸当たり面にガスケットを取り付ける。しかし吊り元側では動きが90°異なるので、上記の原則とは矛盾する。一般のドア製品では、特に吊り元側の気密材の向きを変えてはいないが（図-2）、実際にはこの部分のガスケットは断面が変形していることから、横力を受けているのがわかる（写真-1）。

吊元側も同じ方向

図-2：一般のドア製品のガスケット

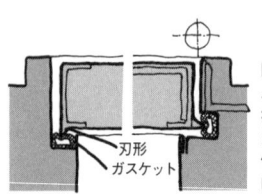

図-3：本格的なガスケット
押し付ける方向に当たるように、吊元側のガスケットの方向を変えている。

刃形ガスケット

写真-1：変形したガスケット

高度な気密性が要求される場合は、ガスケットに戸を押し付けただけの簡易な機構では隙間が避けられないので、戸に付けた刃形を押し付けるようにする。この場合、吊り元側のガスケットの取付け方向を変えて、正しく面外方向に圧着されるようにした例もある（図-3）。

モヘアを使う場合

　開口部と枠の隙間を埋めるには、ガスケットのほかにモヘア（ブラシのように毛が生えたもの）があり、戸が枠をこすって閉まる場合にはモヘアを用いる。三方枠の開き戸で床面に戸当たりがない場合、縦軸回転戸などで枠に戸当たりが設けられない場合、引違い戸の召合せ部分、引き戸と縦枠の当たり部分など、閉鎖時に接触面に平行な運動をする箇所ではモヘアを使う（図-4）。ただしガスケットに直角に当たるディテールや、柔軟なガスケットを使うこともある（図-5）。

さまざまな気密材

　気密材として耐久性のあるプラスチック系の材料が使われるようになる前には、燐青銅（マグネットモーターの給電ブラシや、スイッチ内部のバネ材に使う弾性のある金属）製の気密金物を用いた建具があり、『構造用教材』の旧版には掲載されていた（図-6）。割合最近（といっても1988年頃だが）、アメリカの新築住宅で見たことがある。

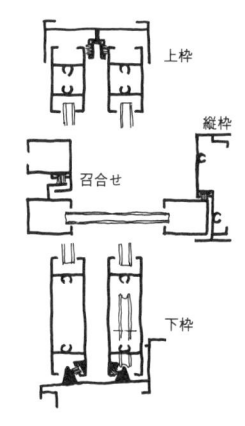

図-4：モヘアを使う例（引違い戸）

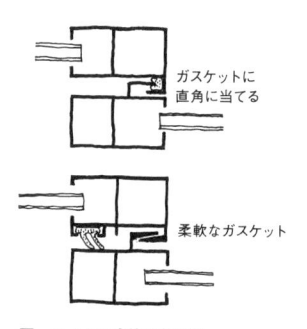

図-5：モヘアを使わない例

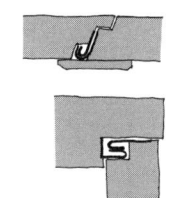

図-6：燐青銅製気密金物

まつわる話

ベルリン国会議事堂での発見

　隙間を物が動く際には、その軌跡部分に隙間が発生する。本格的に塞ぐには、昔の軍用機の機関銃座などのように隙間を伸縮式のカバーで覆うことになるが、高度の密閉性が必要とされない場合には、モヘアが使われる。天文台のドームは、水平方向には望遠鏡に追随して回転するが、上下動については鏡筒の太さの隙間はあきらめている。

　ベルリンの国会議事堂はノーマン・フォスターの設計で改装され、最上階にはガラスドームがある。見学に行った際、鏡張り逆錐体とその周囲の日除けルーヴァーを見ていたら、学生に「あの隙間のブラシみたいなのは何ですか」と聞かれた。漫然と見ていてうっかり気付かなかったが、引率教員としては、聞かれたら「わからぬ」とは言えず、とっさに「あれはモヘアと言って…」と解説を始めてから、そのルーヴァーが太陽の向きに合わせて動くことに気付いた（**写真－2**）。

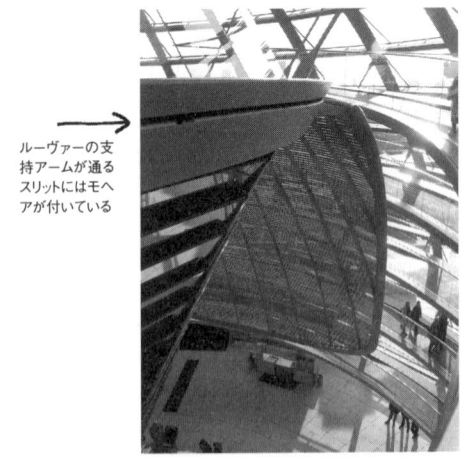

ルーヴァーの支持アームが通るスリットにはモヘアが付いている

写真－2：ベルリン国会議事堂のモヘア（2004）

50 同じ「把手を捻る」でも

ドアノブとレバーハンドル

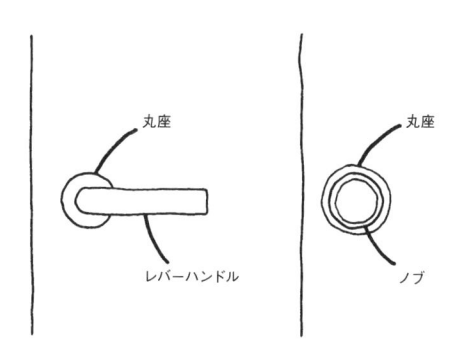

(図: 左 レバーハンドル・丸座 / 右 ノブ・丸座)

問題

ドアの錠に付いているレバーハンドルを、ノブに交換した場合、通常の条件で考えられる問題点を指摘し、改善案を示せ。

- 出入口
- 建具金物・把手
- 操作性
- 問題点と対策

! 解答

ラッチを操作してドアを開閉するための把手には、丸いノブ(握り玉)とレバーハンドルがある。レバーハンドルのほうが手で回す際のトルクがノブより強くなるので、それに応じて戻りバネも強くしてある。したがって、レバーハンドル錠をノブに替えると回す際に重くなり、逆の場合はレバーハンドルが自重で垂れ下がるおそれがある。またドアの先端(フロント)から回転軸までの寸法(バックセット)は、一般にレバーハンドルのほうが短かい。レバーハンドル錠をノブに替えると、手が壁面に近づきすぎて壁面でこするおそれがある(図-1)。したがって、レバーハンドルとノブには互換性はないというのが常識である。市販のケースロック(箱錠)も、同じ製品でノブとレバーハンドルが自由に選べることはなく、それぞれ専用の製品になっている。

図-1:バックセットが足りない場合、壁とのスペースが狭くなって手をこするおそれがある。

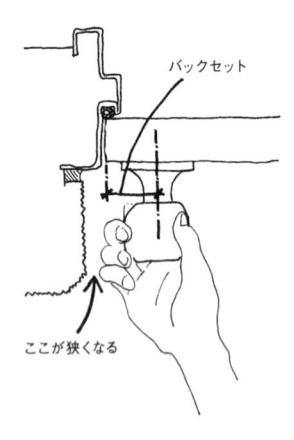

解説

把手の互換性

問題文のようにレバーハンドルからノブに替えるケースはあまりないと思われるが、錠前メーカーではなく工事店の宣伝には、バリアフリー対応でノブからレバーハンドルへの(錠本体ごとではなく把手だけの)交換を勧める例が見られる。バックセット寸法だけでいえば一方的互換性はあり得るが、捩りバネの弱さにつ

いては、軽いレバーハンドルで対応していると思われる。しかしこれは、あくまで応急の対応であって、本来は互換性はないと考えたほうがよい。

極端に長いバックセット

ヨーロッパの古い建物等で、ドアの真ん中にノブが付いたものを見かけることがある。このノブは回らない単なる把手で、鍵穴は通常の位置に付いたものが多いようだが、中にはドア中央のノブに鍵穴があって実際にノブとしての機能を持ったものもある（図−2）。

図−2：ヨーロッパで見られるドア中央のノブ
通常の位置に鍵穴（図中※）があってノブは単なる把手の場合もある。

内開き用の水切

レバーハンドルの欠点

ノブがどちらかというと古風なイメージであるのに比べて、レバーハンドルは現代的で直線的なデザインが可能であり、また手や指に障害があっても操作可能というバリアフリーの面からも、昨今では好まれる傾向がある。しかしレバーハンドルには、特に狭い空間で使った場合、衣服の袖口やポケット等を引掛けるおそれがあり、姿勢を崩したり、服を破ったりする場合もある。

まつわる話

半世紀前の建具金物事情

　筆者が学生だった頃、一定のコンセプトで統一的にデザインされた一連の建具金物シリーズとして、英国M社の製品が登場した。現在ではいろいろなメーカーからさまざまなデザインの把手が市販されているが、その当時は、現代建築のデザインに合う金物としては唯一それしかない状態だったから、「建築家が設計した建物」の多くで採用されていた。

　そのシリーズのレバーハンドルは、回転軸側と円周側が同じ形をしていたので（図-3）、一見して単なる引手と区別が付かない（現在でいうアフォーダンスに反する）デザインではないかと指摘したら（何と生意気な学生だったのか）、衣服を引掛けないためだという説明を聞いたように記憶する。もっとも現在では、同じM製品のシリーズにもヴァリエーションが増えていて、通常の（つまり袖を引掛けそうな）形状の製品もある。

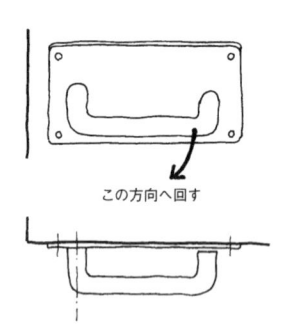

図-3：発売当時のM社のレバーハンドル
現在ではある種の定番デザインになっている。

51 枠組みからの脱却
玄関ドアの蝶番

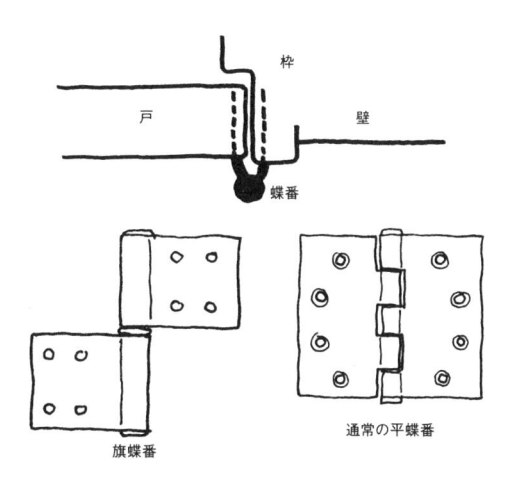

枠／戸／壁／蝶番

旗蝶番　　通常の平蝶番

問題
集合住宅の玄関ドアには、通常は図の左に示すような「旗蝶番」が使われている。外開き戸は蝶番（ヒンジ）の軸が外部に露出するため防犯上は不利と思われるが、旗蝶番を使えば通常は安全とされている。その理由を述べよ。

- 出入口
- 建具金物
- 操作性
- 構法の理由

解答

　ヒンジの軸が外部に露出している場合、軸を抜けば戸を外して侵入することが可能であるが、旗蝶番は軸が外れないので、戸を外すには90°開いて持ち上げる必要がある。したがって、施錠されて戸が枠に納まっている状態では、戸は外せない（図-1）。もっとも、ヒンジ自体を鋸で切断したり、さらに重機で壁ごと破壊するような手荒な手口は想定外である。

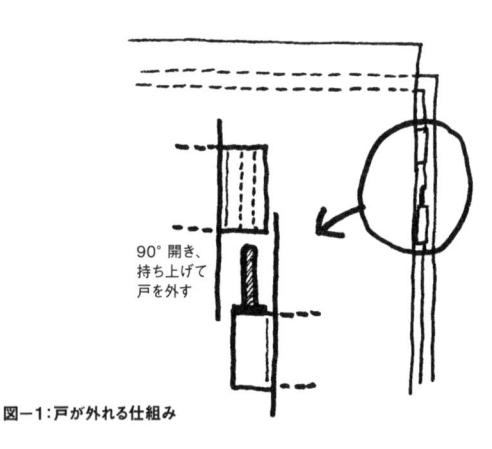

90°開き、
持ち上げて
戸を外す

図-1：戸が外れる仕組み

解説

ルーズピンとファストピン

　ヒンジの軸がねじなどで抜けるタイプをルーズピン、軸が抜けない構造のものをファストピンと言う。ルーズピンタイプのヒンジは、軸を抜いてドアごと外すことが可能なので、外部に面する外開きドアには使えない。旗蝶番はピンが一体の部品になっているから、ピンを外して分解することはできない。

　なお、旗蝶番タイプで上下のヒンジのピンの長さを違えておくと、ドアを吊り込む際に片方ずつ填めればよいので便利である。これは建具金物に限らず、2か所以上の位置調整や操作が必要な機構全般に共通の、かなり重要な条件である。

ドアの外し方

90°しか開かないドアの場合、引越し等の際に、開いた戸の厚みが荷物の搬出入の邪魔になることがある (図-2)。こういうときには、戸を外してしまえばよい。戸を外すには90°開いて持ち上げるのだが、事前にドアクローザのアームのねじを外しておく必要がある。また鋼製ドアは重いので、足の上に落としたりすると危険だから要注意。

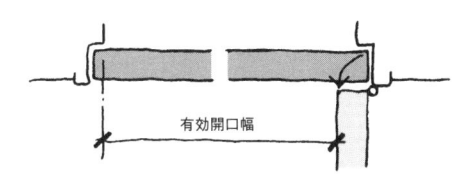

図-2:有効開口幅
戸の厚みも馬鹿にならない。

しかし、ドア枠が壁面から引っ込んでいる納まりでは、戸は外せない(図-3)。以前住んでいたマンションの玄関がそうだったので、戸を外す際には、いちいち蝶番の取付けねじを緩める必要があった。

90°開いても戸は上がらない

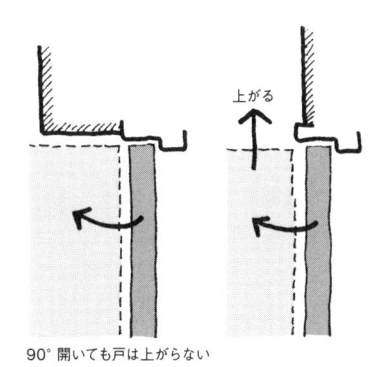

図-3:外せない戸

まつわる話

ヒンジの数

　木製ドアでは、戸の反りを防ぐために上中下3か所にヒンジを取り付ける。ピヴォットヒンジは上下だけに付けるのが普通だが、中間部に付ける反り止め用のピヴォットがセットになった製品もある（図-4）。

　一方、鋼製ドアでは上下2か所が正解である。3か所のヒンジの軸線を正しく直線に揃えるのは難しく、剛性の高い鋼製ドアでは、木製ドアのように戸の撓みで誤差を吸収するわけにはいかない。3つのヒンジの軸がそろっていない場合は、開閉に妙な抵抗が生じてしまうが、無理に使っているうちに急に抵抗がなくなる。これは1か所のヒンジのねじが抜けて（馬鹿になって）しまったことを意味する。

　防火・防煙ドアが火災時に両面の温度差で反るのを防ぐためには、ヒンジを3つ付けるのではなく、閉鎖時に戸の突出部が枠にはまり込む工夫をしておけばよい（図-5）。

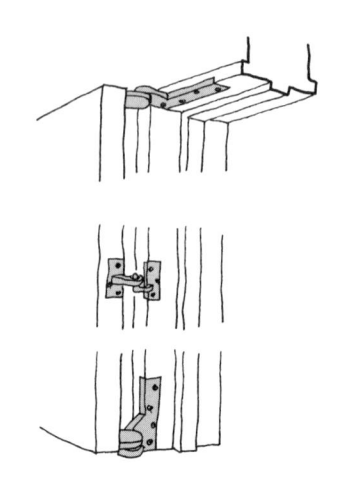

図-4：木製ドアの反り止めヒンジ
ピヴォットヒンジでも反り止めは付く。

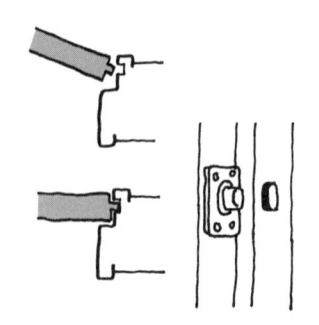

図-5：鋼製ドアの反り止め
閉めた状態でダボが枠の穴にはまって戸の反り止めになるが、戸の回転には干渉しない。

52 あくまでもフラットに

フラットな引込み戸のディテール

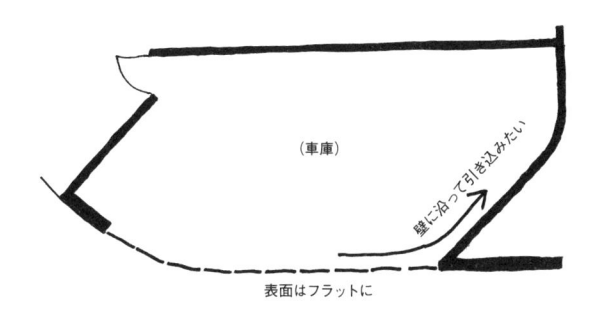

(車庫)

壁に沿って引き込みたい

表面はフラットに

問題

ガレージの引込み戸を閉鎖時には壁面とフラットに納まり、開く際には単純な開閉操作で壁面に沿って引き込む戸にしたいが、壁面長さは開口幅の半分程度しかない。どのような納まりが考えられるか。ディテールを考えよ。

- 出入口
- 引込み戸
- 操作性
- 設計課題

解答

引込み戸全体の長さ（開口幅）の半分程度しか収納長さがないので、単に1本レールで引き込んだのでは、長さが納まらない。しかし、わが国の木製雨戸のようにレールから外して重ねたり、ホテル宴会場等の可動間仕切のようにレールを渡って重ねて収納する方法では、開閉操作が面倒で、迅速に開閉すべき車庫の戸には不向きである。

こうした問題の解決方法の例として、閉じたときに曲面に近い多角形になるように小さい戸をヒンジで連結し、収納長さに合わせて開口幅全体で2分割したものをそれぞれ別のレール上を走行させ、段差ができる端部を「何とかする」というディテールが考えられる（図-1）。2列の連結戸の端部（図中A部・B部）をヒンジで曲がるようにしておいて、段差を埋めるようにすれば、開扉操作はそれぞれの列の単純な横移動と、端部の戸の固定だけで済む。

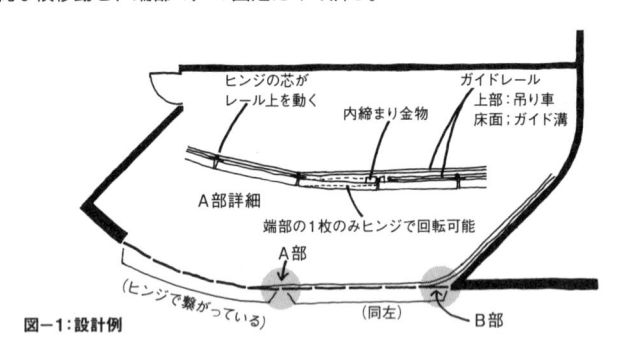

図-1：設計例

解説

サヴォア邸の車庫

解答例のディテールは、ル・コルビュジエ設計のサヴォア邸の車庫の戸である。全体で10枚で構成されている引き戸は、5枚ずつに分割され、戸を結合するヒンジの軸が2列のガイドレールにそれぞれ填まっている。端部の1枚の戸の先端はレール面から自由であり、面一（つらいち）の位置で内締り錠で固定すれば、外観はフラットに納まる、という仕掛け（**写真-1・2**）。

写真−1:サヴォア邸の車庫・外観

写真−2:同・内部

　実際には、左端部は完全にフラットで同じ緑色の固定壁面と連続しているが、B部についてはなぜか壁面と段差があり、また直線部と曲線部とでは戸の芯と壁芯の位置が微妙にずれているなど、巨匠のディテールにも改善の余地がありそうである。

その他の開閉方式

　このように横長の大きな開口部を、単純な操作（できれば手動）で開閉するには、この他にも、縦軸巻込み・伸縮戸・上下動などが原理的には考えられる。しかし巻込み式では、開口幅が長い場合は巻込みのためのスペースが大きくなって、壁沿いにすっきり納めることは不可能であり、小さく分割したのでは閉めた状態での戸の平滑さに難点がある。伸縮戸は密閉度が要求される用途には不向きであり、表面も平滑には納まらなくなる。いずれも可動部分が多くなって、操作性・耐久性等の面からも不利である。上下動式はたしかに動作は簡単だが、メカニズムが大掛かりになり、上込み式では天井裏や上階にスペースが、また下込み式では地下に深いピットが必要であるなど、やはり現実的ではない。

まつわる話

団体旅行には集合写真

　筆者は、例年春休みに建築学科の学生を引率して、海外の有名建築を見るツアーを企画してきた。大学の定年までに13回実施しており、これまでの視察先は15か国以上。おかげで小生も、有名建築の「定番」の多くを見る結果となった。専用バスによる移動はタクシーと同じで実に効率が良く、毎回かなりの高密度の視察であった。その上、後輩の建築家に同行してもらっているので、旅行中の学生の教育指導は高度なものであり、毎回参加者も多く大好評であった。

　サヴォア邸にも何度か行っているが、行くたびに整備が進んで、公開範囲が充実してきている。最近行った際には車庫の内部も見せてくれたので、この引込み戸の仕組みがやっとわかったというわけ。こうやってディテールに注目すると、行くたびに新しい発見があって、興味は尽きない。なお、このように団体で旅行する場合は、意識的に全員で集合写真を撮っておくようにしている（**写真－3**）。

写真－3：サヴォワ邸にて（2011）

あとがき

出版に至る経緯

　この本は、『季刊 ディテール』誌に2001年から2011年まで40回にわたって連載した内容をもとにしてまとめたものである。当時の『ディテール』誌編集長・三宅恒太郎氏から「ディテール1000本ノック」なる連載企画が提案された。ディテール誌に大学の構法教育について書いたことや、それまでの講義や試験で使っている構法演習問題が氏の目に触れたことがきっかけだったと思うが、設計経験の乏しい筆者には、そんな連載は難しいと思った。

　だが振り返ってみれば、東京理科大学に着任して以来、一貫して建築構法の教育に携わってきており、建築構法計画系科目の内容、特に演習問題や試験問題には、その内容が凝縮されているわけである。それらをもとにすれば連載は不可能ではないだろうし、こうした「モノ」寄りの教育を実践してきた立場としての責務であろう。また、執筆の過程でいろいろ自分の勉強になることも多いだろう。そう思って、思い切って引き受けることにした。そこで始めたのが、「納まり・基本のき」なる連載である。

　連載開始当初は、大学の授業で使っている演習問題に近い内容であったため、『ディテール』誌の読者諸氏にとっては、いまさら言われるまでもない、わかり切ったものだったかもしれない。演習や試験に出題する「間違い発見問題」は1問に多数の指摘箇所がある形式だったので、それを1回1問の形に分解して整理し直し、もとの演習問題より高度な内容や蘊蓄ばなしを書き加えるなど、連載を続けるうちに、次第に大学の授業や演習では扱わないレベルの内容になっていった。

　こうして連載を続け、1000本とまではいかなかったが、10年めの40回

を区切りとして連載を終えた。それがちょうど自分の定年退職の時期に近かったので、それを機に単行本にするチャンスをいただいた。連載記事全体を全面的に見直して必要な箇所は加筆修正し、まだ連載を続けるつもりで用意してあったテーマ（だんだん種切れになってはいたが）も含めて新たな内容を書き加えたものが、本書である。連載で毎回1ページ、本書で各節4ページという誌面の関係で、まだまだ言い足りない内容を割愛した箇所もあるので、何らかの方法で補足説明をしていきたいと思っている。

ディテール図解と資料調べ

説明には図解が必須だが、実際の図面ではなく、要点や原理だけを表すイラストが適している。本書ではこのようなディテール解説図を多用しているが、これまでの著作と同様に、すべて自分で描いている。このような図を実際に描く段階では、いろいろわからないところが出てくる。資料を調べ直したり、立体的な見取図を描いてみたりして矛盾点を解決しないと、簡単なイラストもなかなか描けない。ディテール図面を見てわかったつもりでいても、眺めているだけでは本当はわかっていない。自分で手を動かしてはじめて、そのことがはっきりする。学生にも、卒業研究等でディテール図面を解読する場合は実際に図面を手で写して理解するよう、指導してきた。

そうした調べ物をする場合、まずは研究室に溜め込んだ多量の書籍や資料を参考にするのだが、たしかあんな本があったはずだという記憶から、研究室メンバーの協力を得ながら探すこともしばしばであった。現状の製

品や施工現場の状況については（建築部品・構法の変遷史研究で溜め込んだ古いものを含む）カタログ等を参照し、時には（研究室出身者だけで500余名いる）卒業生や知人に実情を聞いたり資料を貰ったりした。そうして調べた結果、ようやく数行の文章や1枚のイラストが完成することもある。

長年建築構法を教えてきたといっても、連載の執筆は毎回新たな知識を学ぶことの繰返しであり、いまだに（おそらく一生）勉強中である。したがって本書の内容にも、誤解や間違い等の不完全な箇所がないという自信はない。異論・反論・参考意見等、ご一報いただければ幸いである。

なお、集めた情報は、そのまま引用掲載するのではなく、要点だけを抽出して作画している。また記載内容の根拠をいちいち挙げると厖大な量になる。したがって、特に情報源を話題にする箇所以外は、原則として出典は省略した。なお、諸資料には相互に矛盾する説がある場合も少なくないが、そういう時は「真鍋説」に拠った。

間違い探し問題について

ところで、本書は「構法クイズ」ともいうべき問題形式で個々のテーマを取り上げている。いくつかの問題形式があるが、半数以上が「間違い探し」形式である。いろいろな構法のディテールには、たとえば、シングル葺きは最低3枚重ね、2方向の羽重ねには隅切り、波板葺きの引掛ボルトは母屋の上側、木部の小口は雨のかかる所に露出させぬ、木部の塗装は裏面にも（本書には収録できなかったが）、出隅には面取り、階段の手摺高

さは上り口と下り口で1段ずれる、等々のさまざまな原理原則がある。こうしたことをわきまえていないがために、実際の設計の場でさまざまな失敗が繰り返されている、と言うこともできよう。

　教育の場では、これらの内容をただ説明しても、覚えさせることはなかなか難しい。そこで編み出したのが、「図に示すディテールで、通常の条件でおかしいと思われる箇所を指摘し、その理由をあげ、さらに正しいディテールを示せ」という、間違い探し問題である。ディテールにいくつもの間違いを混ぜておき、そのうち幾つに気づいて、間違いの理由と正しいディテールを答えられるか、という形で、主体構造や各部構法についていろいろな試験問題や演習課題を作ってきた。

　こうした問題に示す図は、縮尺どおりのディテール図ではなく、原理を表すスケッチであり、要点を理解するには実際の図面よりずっと適した表現である。演習や試験の問題に解答する学生も、出題の図にならって同様のスケッチを描くことになるから、理解はより深まるという効果も期待できる。この形式の問題を採点していると、よくもこんな細かいところまで小生の早口の講義を理解していると感心する場合がある。また卒業生からも、設計や現場であの時の演習が役立った、という言葉を聞くことも少なくないのは、教育者としてはうれしいことである。

まわりの人々のおかげ

　本書のもととなった連載を完遂できたのも、『ディテール』誌の歴代編集担当者の諸々の尽力ののおかげである。また実際に書籍としてまとめる

段階では、彰国社編集部の鷹村暢子さんに全面的にお世話になった。連載時には毎回、締切間際に苦し紛れにテーマを決めていたから、連載全体の構成に一貫した筋書は特に無かったので、1冊の本にまとめる際に、どう分類して目次を作るかが問題であった。いくつかの軸の組合せによる多次元マトリクスで分類すべき内容とはいえ、何らかの順序で並べなければ本にはならない。結局、鷹村さんに目次構成を提案していただいた。本書を出版することができたのも、こうした周囲の協力があってこそである。

　大学教員としての39年間、建築構法計画の分野で自分が最も興味を持つ内容の教育・研究に専念してこられたのも、建築構法計画というものの面白さ・奥深さについて、大学院時代の恩師・内田祥哉先生から受けた刺激がもとになっている。また、建築構法計画分野の教員が複数いて、建築構法系の授業時間数も他大学より格段に多いという東京理科大学の環境で建築構法の教育・研究を続けてこられたのも、建築構法の知識や教育方法について何も知らない新米教員を根本から指導して下さった先輩教授・井口洋佑先生あってこそである（「間違い探しクイズ」形式も、もとは井口先生の発案である）。その他にも、さまざまな機会に（大学院生・卒研生の指導という間接的な形が多かったが）各分野の識者諸氏から得た知見も、この本の、さらに筆者の建築構法計画分野の知識の、もととなっている。諸先輩方や関係者諸氏に、深く感謝する次第である。

2012年2月

真鍋恒博（まなべつねひろ）

1945年生まれ。1968年、東京大学工学部建築学科卒業。1973年、同大学院博士課程(内田研究室)修了。1973年、東京理科大学工学部建築学科に専任講師として着任。以後、一貫して同大学で建築構法計画の研究と教育に携わる。現在、同大学名誉教授。工学博士。
専門分野：建築構法計画。
主な著書：『可動建築論』(井上書院)、『省エネルギー住宅の考え方』(相模書房)、『設備から考える住宅の設計』(彰国社、共著)、『図説・近代から現代の金属製建築部品の変遷・第1巻・開口部関連部品』(建築技術)、『建築単位の事典』(彰国社、編・共著)、『図解テキスト基本建築学』(彰国社、共著)。
「建築構法計画学に於ける構法の体系化に関する一連の研究」で2000年日本建築学会賞(論文)受賞。

構法クイズで原理を学ぶ　建築ディテール「基本のき」

2012年 3月10日　第1版発　行
2024年 2月10日　第1版第4刷

著　者　真　鍋　恒　博
発行者　下　出　雅　徳
発行所　株式会社　彰　国　社

著作権者との協定により検印省略

自然科学書協会会員
工学書協会会員

Printed in Japan

Ⓒ真鍋恒博　2012年

ISBN 978-4-395-01222-0 C3052

162-0067 東京都新宿区富久町8-21
電話　　03-3359-3231(大代表)
振替口座　　00160-2-173401
印刷：真興社　製本：誠幸堂
https://www.shokokusha.co.jp

本書の内容の一部あるいは全部を、無断で複写(コピー)、複製、および磁気または光記録媒体等への入力を禁止します。許諾については小社あてご照会ください。